大学生军事技能训练

郭晓春 罗序洪 主编

北京工业大学出版社

图书在版编目（CIP）数据

大学生军事技能训练 / 郭晓春，罗序洪主编. — 北京：北京工业大学出版社，2020.7（2021.11 重印）
ISBN 978-7-5639-7613-3

Ⅰ. ①大… Ⅱ. ①郭… ②罗… Ⅲ. ①军事训练－高等学校－教材 Ⅳ. ① G641.8

中国版本图书馆 CIP 数据核字（2020）第 168215 号

大学生军事技能训练
DAXUESHENG JUNSHI JINENG XUNLIAN

主　　编：	郭晓春　罗序洪
责任编辑：	任军锋
封面设计：	点墨轩阁
出版发行：	北京工业大学出版社
	（北京市朝阳区平乐园 100 号　邮编：100124）
	010-67391722（传真）　bgdcbs@sina.com
经销单位：	全国各地新华书店
承印单位：	三河市腾飞印务有限公司
开　　本：	710 毫米 ×1000 毫米　1/16
印　　张：	14.75
字　　数：	295 千字
版　　次：	2020 年 7 月第 1 版
印　　次：	2021 年 11 月第 2 次印刷
标准书号：	ISBN 978-7-5639-7613-3
定　　价：	50.00 元

版权所有　翻印必究

（如发现印装质量问题，请寄本社发行部调换 010-67391106）

前　言

学生军训是执行党和国家人才培养战略，加强国防后备力量建设的一项重要战略举措。军训工作取得的丰硕成果已经充分证明：军训已成为高等学校全面推进素质教育，实现人才培养，优化育人环境不可替代的重要环节；同时，军训也成为适合青年学生特点、受大学生欢迎、教育效果较好的形式之一。军事课作为高校学生的一门必修课，已纳入学校课程建设体系，成为学校一种常态教学行为。

本书坚持以国防教育为主线，紧密结合当代大学生的特点，着眼于时代发展和军事理论变化以及高校国防教育实际，把大学生最关注的热点问题、最新的科技信息和军事科技新动向、新发展等内容充实到教材中。本教材力求内容新颖、结构合理、重点突出、文字简洁、通俗易懂；融思想性、知识性、趣味性和教育性于一体，基本形成了完整的大学生军事课程内容体系。

由于编者水平有限，加之时间仓促，书中不足之处在所难免，望各位读者批评指正。

目 录

第一单元　共同条令教育与训练

第一章　共同条令概述 ··· 3
第一节　共同条令的产生与发展 ································· 3
第二节　《内务条令》的基本内容 ································ 5
第三节　《纪律条令》的基本内容 ······························ 11
第四节　《队列条令》的基本内容 ······························ 14

第二章　分队的队列动作 ·· 25
第一节　队列常识 ·· 25
第二节　集合、离散 ·· 27
第三节　整齐、报数 ·· 29
第四节　出列、入列 ·· 30
第五节　行进、停止 ·· 31
第六节　方向变换 ·· 32

第二单元　射击与战术

第三章　轻武器射击 ··· 39
第一节　武器常识 ·· 39
第二节　简易射击学理 ·· 43
第三节　武器操作 ·· 47
第四节　实弹射击 ·· 54

第四章　战术基础 ·· 59
第一节　战斗概述与战术原则 ···································· 59
第二节　单兵战术基础动作 ·· 62

第三节　分队战术 69

第三单元　防卫技能与战时防护训练

第五章　擒敌术基础 77
第一节　擒敌术训练常识 77
第二节　格斗势与步法 87
第三节　攻击动作 91
第四节　防守动作 104

第六章　战场医疗救护 115
第一节　个人卫生常识 115
第二节　战场自救互救 116
第三节　意外伤的救护 133

第七章　核生化防护 137
第一节　核生化防护基本知识 137
第二节　防护装备与器材使用 140
第三节　核生化防护主要方法 149

第四单元　战备基础与应用训练

第八章　战备基础 161
第一节　战备规定 161
第二节　紧急集合 163
第三节　徒步行军 165

第九章　野战生存 169
第一节　识别与采集野生食物 169
第二节　寻找水源和鉴别水质 172
第三节　野炊 175
第四节　露营 176

第十章　心理行为训练 181
第一节　士兵心理素质构成要素 181
第二节　个体心理训练 183
第三节　团体心理训练 185

第十一章 识图用图 201
第一节 地形图基本知识 201
第二节 判定方位 216
第三节 量算距离 218
第四节 确定站立点和目标点 220
第五节 按图行进 224

第一单元　共同条令教育与训练

教学目标：了解中国人民解放军三大条令的主要内容，掌握队列动作的基本要领，养成良好的军事素养，增强组织纪律观念，培养学生令行禁止、团结奋进、顽强拼搏的过硬作风。

第一章 共同条令概述

第一节 共同条令的产生与发展

共同条令是《中国人民解放军内务条令》（以下简称"《内务条令》"）、《中国人民解放军纪律条令》（以下简称《纪律条令》）、《中国人民解放军队列条令》（以下简称《队列条令》）的统称，是由中央军委向全军发布的命令，是全体军人必须严格遵照执行的准则。

一、奠基阶段

早在红军初创时期，毛泽东同志就亲自制定了《三大纪律六项注意》，后改为《三大纪律八项注意》。1929年12月，《中国共产党红军第四军第九次代表大会决议案》提出了编制红军法规的任务，红军领率机关经过几个月的紧张工作，编写了我军第一部纪律条令，即《中国工农红军纪律条例草案》，并于1930年10月正式颁发全军施行。遗憾的是，这部珍贵的历史文献已经在艰苦的革命战争年代遗失。

1933年8月，中国工农红军编写和颁发了《纪律暂行条令》。这部条令仅有4章18条，其中有13条是规范奖惩的。条令深刻地指出："军队纪律的要素就在于服从"，军纪是"军队的命脉""白军的纪律是建筑于反动统治阶级利益之上""我军的纪律是建筑于工农群众自己利益之上"。由此划清了两种不同性质军队纪律的界限，把我军的纪律与我军的性质和宗旨紧紧地联系在一起。1936年8月，红军到达了陕北，为进一步巩固部队，做好斗争准备，红军相关机关制定发布了《中国工农红军暂行内务条令草案》，这是我军历史上第一部内务条令。

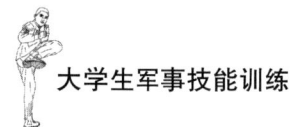

抗日战争期间，我军于1939年5月、1942年2月、1943年10月先后三次修订和发布《纪律条例》或《纪律条令》，对严明军纪、严明赏罚，保证作战任务的胜利完成发挥了重大作用。

二、初步形成阶段

新中国成立后，我军从战争时期进入和平建设时期，由农村进驻城市，军队建设进入高级阶段，军队现代化建设要求部队大力加强正规化建设。中央军委把统一全军的纪律和制度作为刚刚成立的军训部的一项重要任务。朱德总司令、聂荣臻代总长于1950年夏指示，要在几个月内把内务条令、纪律条令、队列条令编写出来。

为了编写好我军第一部队列条令，总部还从华北军区调来一个新装步兵连，在北京天坛公园进行了一个月的演练，彭德怀亲自审查了从单兵到连的队列动作。当时任军事学院院长的刘伯承亲自组织三大条令的审查修改。1951年1月，中央人民政府革命军事委员会代总参谋长聂荣臻签署命令，三大条令颁布全军试行。至此，我军共同条令体系形成，部队正规化建设有了基本的法规依据。

三、曲折发展阶段

我军三大条令从20世纪50年代到90年代共修订和发布8次，内容也日渐完善。1951年颁发的共同条令经过两年试行之后即进行了修改，由彭德怀主持军委会议审议后呈报毛泽东主席，毛主席逐段审阅，重要地方亲自做了修改。中央革命军事委员会于1953年5月颁布《共同条令》全军施行。1957年8月颁布的《共同条令》，根据叶剑英元帅的调研和建议取消了禁闭处分，体现了我军以说服教育为主，注重培养自觉纪律的精神。

四、发展完善阶段

进入新世纪，根据中央军委的决定，我军于2002年对《内务条令》《纪律条令》做了局部修改，于2010年再次对《内务条令》《纪律条令》《队列条令》做了全面修改。

党的十八大以来，习主席总揽全局，开创了国防和军队建设新时代，形成了习近平强军思想，为实现党在新时代的强军目标、全面建成世界一流军队提供了科学指南。2018年4月，中央军委主席习近平签署命令，发布新修订的《中国人民解放军内务条令（试行）》《中国人民解放军纪律条令（试行）》《中国人民解放军队列条令（试行）》。此次新条令的颁布施行，对我军在新的历史起点上坚定不移走中国特色强军之路，全面推进国防和军队现代化，实现党在新时代的强军目标、全面建成世界一流军队，具有十分重要的战略意义。

第二节 《内务条令》的基本内容

《内务条令》是规定军队内部关系、生活制度和军人职责的条令，是全军进行行政管理教育的依据，是中国人民解放军内务建设的基本依据，对军队规范内务制度和加强内务建设具有重要作用。其主要内容如下。

一、军人宣誓

其是关于军人在服现役入伍时，必须向祖国和人民表达自己誓愿的规定，是军人对自己肩负的神圣职责和光荣使命的承诺和保证，公民入伍后，必须进行军人宣誓。这项制度包括组织军人宣誓的基本要求，以及军人宣誓大会的程序等。军人誓词如下：

"我是中国人民解放军军人，我宣誓：

服从中国共产党的领导，全心全意为人民服务，服从命令，忠于职守，严守纪律，保守秘密，英勇顽强，不怕牺牲，苦练杀敌本领，时刻准备战斗，绝不叛离军队，誓死保卫祖国。"

二、士兵职责

中国人民解放军士兵的职责如下。

①努力学习马克思列宁主义、毛泽东思想、邓小平理论、"三个代表"重要思想、科学发展观、习近平新时代中国特色社会主义思想，贯彻党的路线、方针、政策，遵守国家的法律法规，执行军队的法规制度。

②服从命令，听从指挥，英勇顽强，不怕牺牲，坚决完成任务。

③刻苦训练，熟练掌握军事技能，努力提高打仗本领。

④熟练操作使用和认真维护武器装备，使其经常保持良好状态。

⑤严守纪律，服从管理，尊重领导，团结同志，爱护集体荣誉，维护良好形象。

⑥艰苦奋斗，厉行节约，爱护公物。

⑦积极学习科学技术和文化知识，提高科学文化素养。

⑧落实安全要求，严格保守国家和军队的秘密。

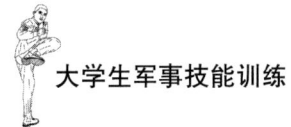

三、军官职责

中国人民解放军军官的一般职责如下。

①深入学习马克思列宁主义、毛泽东思想、邓小平理论、"三个代表"重要思想、科学发展观、习近平新时代中国特色社会主义思想,贯彻党的路线、方针、政策,遵守国家的法律法规,执行军队的法规制度。

②服从命令,听从指挥,身先士卒,冲锋在前。

③精通本职业务,掌握打仗本领,坚决完成各项任务。

④熟练掌握和认真管理所配备的装备,使其保持良好状态。

⑤忠诚勇敢,敢于担当,清正廉洁。

⑥爱护士兵,尊重下级,团结同志,自觉接受教育、管理和监督,处处做好表率。

⑦拥政爱民,维护军队良好形象。

⑧带头落实安全要求,严格保守国家和军队的秘密,防范事故、案件。

四、军队内部的礼节

军队内部礼节是军人团结友爱和互相尊重的体现,军人必须有礼节。军人敬礼分为举手礼、注目礼和举枪礼。着军服时,通常行举手礼。携带武器装备或者因伤病残不便行举手礼时,行注目礼。举枪礼仅限于执行阅兵和仪仗任务时使用。

军人之间通常称职务,或者姓加职务,或者职务加同志。首长和上级对部属和下级以及同级间的称呼,可以称姓名或者姓名加同志;下级对上级,可以称首长或者首长加同志。在公共场所和不知道对方职务时,可以称军衔加同志或者同志。军人听到首长和上级呼唤自己时,应当立即答"到"。回答首长问话时,应当自行立正。领受首长口述命令、批示后,应当回答"是"。

(一)军人在下列时机和场合的礼节

①每天第一次遇见首长或者上级时,应当敬礼,对方应当还礼。

②军人进见首长时,在进入首长室内前,应当敲门并喊"报告",得到允许后方可以进入并向首长敬礼;进入同级或者其他人员室内前,应当敲门,经允许后方可以进入。

③同级因事接触时,通常互相敬礼。

④在室内,首长或者上级来到时,通常自行起立。

⑤参加集体活动被介绍时，应当敬礼。

⑥营门卫兵对出入营门的分队、首长和上级应当敬礼。分队带队指挥员、首长和上级应当还礼。

⑦卫兵交接班时，应当互相敬礼。

⑧军人受上级首长接见时，应当向首长敬礼，问候"首长好"。

⑨上级首长到下级单位检查工作离开时，送行人员应当敬礼，上级首长应当还礼。

⑩军人登离悬挂军旗的舰艇时，应当在码头舷梯（跳板）口附近，面向军旗立正、敬礼；数艘舰艇并靠时，只在登上第一艘舰艇前和离开最后一艘舰艇后，向军旗敬礼；登离悬挂满旗（代满旗）的舰艇时，应当向悬挂在舰艇主桅的国旗敬礼。

（二）军人不敬礼的时机和场合

①在实验室、机房、厨房、病房、诊室等处工作时。

②正在操作武器装备和位于射击、驾驶位置时。

③进行文体活动和体力劳动时。

④乘坐交通工具、电梯时。

⑤在浴室、理发室、餐厅、商店、洗手间时。

⑥着便服时。

⑦其他不便于敬礼的时机和场合。

五、着装

军人必须按照规定着军服，保持军容严整。着装的基本要求如下。

①军人应当配套穿着军服，佩带军衔、级别资历章（勋表）等标志服饰，做到着装整洁庄重、军容严整、规范统一。军人退出现役后，参加国家和军队组织的重大纪念、庆典活动，通常着便服，也可以按照活动组织单位的要求，着服役期间的军服，佩带国家和军队统一颁发的徽章。

②军人工作单位发生变动，需要改变军种着装的，按照有关规定执行。

③季节换装的时间和要求，通常由驻地警备工作领导机构统一规定；驻地无警备工作领导机构的，由师（旅）级以上单位首长确定。军人参加集体活动的统一着装，由活动组织单位确定。

④军队单位和个人不得自制军服，不得购买仿制军服以及标志服饰。军

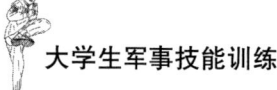

人不得变卖、拆改军服，不得将军服和标志服饰出借或者赠送给地方单位和人员。

六、仪容

军人非因公外出时可以着军服，也可以着便服。女军人怀孕期间和给养员外出采购时，可以着便服。

军人头发应当整洁。男军人不得蓄胡须，鬓角发际不得超过耳廓内线的二分之一，蓄发（戴假发）不得露于帽外，帽墙下发长不得超过1.5厘米；女军人发辫不得过肩。军人染发只准染与本人原发色一致的颜色。

军人服役期间不得文身。着军服时，不得化浓妆，不得留长指甲和染指甲；不得围非制式围巾，不得戴非制式手套，不得在外露的腰带上系挂钥匙和饰物等，不得戴耳环、项链、领饰、戒指、手镯（链、串），装饰性头饰等首饰；不得在非雨雪天打伞，打伞时应当使用黑色雨伞，通常左手持伞；除工作需要和眼疾外，不得戴有色眼镜。

七、举止

军人必须举止端正，谈吐文明，军语标准精神振作，姿态良好。不得袖手、背手和将手插入衣袋，不得边走边吸烟、吃东西、扇扇子，不得搭肩挽臂。

①军人参加集会、晚会，必须按照规定的时间和顺序入场，按照指定的位置就座，遵守会场秩序，不得迟到早退。散会时，依次退场。

②军人外出，必须遵守公共秩序和交通规则，遵守社会公德，举止文明，自觉维护军队的声誉。不得猬集街头、嬉笑打闹和喧哗。乘坐公共交通工具时，主动给老人、幼童、孕妇和伤、病、残人员让座。与他人发生纠纷时，应当依法处理。

③军人遇到人民群众生命财产受到严重威胁时，应当见义勇为，积极救助。

④军人不得赌博、打架斗殴，不得参加迷信活动。

⑤军人不得酗酒，不得违规喝酒，不得酒后驾驶机动车辆、舰（船）艇、飞机以及操作武器装备。

⑥军人不得参加宗教组织和宗教活动，不得围观和参与社会游行、示威、静坐等活动，不得传抄、张贴、私藏非法印刷品，不得组织和参与串联、集体上访。

⑦军人在网络购物、邮寄物品、使用共享交通工具等需要填写单位、身份等信息时，不得涉及部队番号和其他军事秘密。

⑧军人不得购买、传看渲染色情、暴力、迷信和低级庸俗的书刊、图片以及音（视）频，不得购买、私存、携带管制刀具、仿真枪等违禁物品。

⑨军人在公共场所和其他禁止吸烟的场所不得吸烟。

八、连队一日生活

连队一日生活是部队行动和管理的基本要素，它主要包括下列内容：

（一）起床

听到起床号（信号）后，全体人员立即起床（值班员应当提前 10 分钟起床），按照规定着装，迅速做好出操准备。

各类值班（值日）人员按照规定认真履行职责；卫生员检查各班、排有无病号，对患病者根据情况进行处理。因集体活动超过熄灯时间 1 小时的，部（分）队首长可以确定推迟次日起床时间。

（二）早操

除了休息日、节假日之外，连队（队、站、室、所、库）通常每日出早操，每次时间通常为 30 分钟，主要进行体能训练和队列训练。除担任公差、勤务的人员和经医务人员建议并经连队（队、站、室、所、库）首长批准休息的伤病员外，所有人员都应当参加早操。

听到出操号（信号）后，全体人员迅速集合，检查着装和携带的武器装备，跑步带到集合场，向值班员报告。值班员整理队伍，清查人数，向连队（队、站、室、所、库）首长报告，由首长或值班员带队出操。结合早操每半月至少进行 1 次着装、仪容和个人卫生的检查，每次不超过 10 分钟。

（三）整理内务和洗漱

早操后，整理内务、清扫室内外和洗漱，时间不超过 30 分钟。连队（队、站、室、所、库）值班员检查内务卫生。

连队（队、站、室、所、库）首长每周组织 1 次内务卫生检查。

（四）开饭

按照规定时间准时开饭。就餐时间通常不超过 30 分钟。听到开饭号（信号）后，列队带到食堂门前，整队后依次进入。就餐时保持肃静，餐毕自行离开。休息日和节假日坚持三餐制。

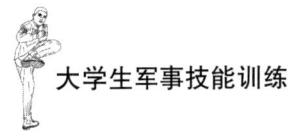

（五）操课

操课前，根据课目内容做好准备。听到操课号（信号）后，迅速集合整队，清查人数，检查着装和装备、器材，带到课堂（训练场、作业场）。

操课中，按照计划要求周密组织，认真听讲，精心操作，遵守课堂（训练场、作业场）纪律，严防事故。

课间休息（操课通常每小时休息10分钟，野外作业和实弹射击时根据情况确定休息时间）由连值班员发出休息信号；休息完毕，发出继续操课信号。

操课结束后，检查装备，清理现场，集合整队，进行讲评。

操课往返途中应当队列整齐，歌声嘹亮。

（六）午睡（午休）

听到午睡号（信号）后，除执勤和经批准执行其他任务的人员外均应当卧床休息，保持肃静，不得进行其他活动，值班员检查人员午睡情况。午休时间由个人支配，但不得私自外出，不得影响他人休息。

（七）课外活动

晚饭后的课外活动时间，每周除个人支配2～3次外（人员不得随意外出），其余由连队（队、站、室、所、库）安排。

（八）点名

连队（队、站、室、所、库）通常每日点名，休息日和节假日必须点名。点名由1名连队（队、站、室、所、库）首长实施。每次点名不得超过15分钟。

点名通常以连队（队、站、室、所、库）为单位于就寝前或者其他时间列队进行。点名的内容通常包括清点人员、生活讲评、宣布次日工作或者传达命令、指示等。

（九）就寝

连队（队、站、室、所、库）值班员在熄灯号（信号）前10分钟，发出准备就寝信号，督促全体人员做好就寝准备。就寝人员应当放置好衣物装具，听到熄灯号（信号）立即熄灯就寝，保持肃静。

九、内务设置

内务设置应当利于战备，方便工作、学习、生活，因地制宜，整齐划一，符合卫生和安全要求，杜绝形式主义。

连队（队、站、室、所、库）宿舍内床铺、蚊帐、大衣、鞋、腰带及其他物品的放置，集中居住的部队由旅（团）级以上单位统一；分散居住的分队以连级或者营级单位统一。军官使用的卧具应当与士兵一致。

第三节　《纪律条令》的基本内容

《纪律条令》是规定军队纪律的法规。它是根据国家法律的有关规定，结合我军实际情况制定的，是军队维护秩序和实施奖惩的依据，是我军战无不胜的重要保证。

一、纪律

纪律的主要内容如下：

①遵守政治纪律，对党忠诚，立场坚定。坚定不移贯彻执行党的路线、方针、政策，坚持党对军队绝对领导的根本原则和制度，牢固树立政治意识、大局意识、核心意识、看齐意识，坚决维护权威、维护核心、维护和贯彻军委主席负责制，自觉在思想上政治上行动上同党中央、中央军委保持高度一致，在重大政治斗争中立场坚定，在重大原则问题上旗帜鲜明。

② 遵守组织纪律，民主集中，服从组织。坚决维护党委统一的集体领导下的首长分工负责制，坚持民主集中制根本组织制度和领导制度，坚决服从组织。

③遵守作战纪律，服从命令，听从指挥，英勇善战。有令必行，有禁必止，坚决执行命令，严格遵守战场纪律，勇敢顽强完成各种作战任务。

④遵守训练纪律，按纲施训，从难从严。按实战标准，坚持仗怎么打兵就怎么练，科学组训，真训实训，严格军事训练人员、内容、时间、质量落实，端正训风演风考风，克服以牺牲战斗力为代价消极保安全，坚决完成军事训练任务，不断提高部队战斗力。

⑤遵守工作纪律，爱岗敬业，忠于职守。严守岗位，尽职尽责，勤奋工作，遵守工作章程和制度规定，圆满完成各项任务。

⑥ 遵守保密纪律，严守规定，保守秘密。严格遵守国家和军队的保密法规，

军事秘密制作、存储、收发、传递、使用、复制、保管、移交、销毁全过程必须严格执行保密规定，加强涉密载体使用管理，防止出现失密、泄密、窃密、卖密问题。

⑦遵守廉洁纪律，干净做事，清白做人。筑牢拒腐防变的思想防线，带头践行当代革命军人核心价值观，讲修养、讲道德、讲诚信、讲廉耻，带头执行廉洁自律准则，自觉同特权思想和特权现象作斗争。

⑧遵守财经纪律，依法管财，科学理财，节俭用财。严格执行财经法规制度，依法决策财经事项，精准管理经费资产，强化收支管控，提高使用绩效，确保财务安全，防止出现财经违规问题。

⑨遵守群众纪律，拥政爱民，军民一致。坚持全心全意为人民服务的宗旨，自觉维护人民群众利益，不与民争利，不侵占和损害人民群众合法权益。

⑩遵守生活纪律，志趣高尚，行为规范。培养良好生活习惯，情趣高雅，追求高尚，生活俭朴，遵守社会公德、家庭美德，遵守社会公序良俗，自觉维护公共场所秩序和良好社会风尚。

二、奖励

奖励的目的在于鼓励先进，维护纪律，调动官兵的积极性、创造性，发扬爱国主义、共产主义和革命英雄主义精神，保证作战、训练和其他各项任务的完成。

奖励应当坚持下列原则：
①严格标准，按绩施奖。
②发扬民主，贯彻群众路线。
③精神奖励和物质奖励相结合，以精神奖励为主，注重发挥物质奖励的激励作用。

对个人的奖励项目如下：
①嘉奖。
②三等功。
③二等功。
④一等功。
⑤荣誉称号。
⑥八一勋章。
前款规定的奖励项目，依次以嘉奖为最低奖励，八一勋章为最高奖励。

根据需要，中央军委可以设立其他勋章。

对单位的奖励项目如下：

①嘉奖。

②三等功。

③二等功。

④一等功。

⑤荣誉称号。

前款规定的奖励项目，依次以嘉奖为最低奖励，荣誉称号为最高奖励。

对获得三等功、二等功、一等功奖励的个人，分别授予三等功、二等功、一等功奖章，并颁授证书。对获得三等功、二等功、一等功奖励的单位颁发奖状。

荣誉称号由中央军委决定，中央军委主席向个人颁授英模奖章和证书、向单位颁授奖旗。一般在每年建军节前夕举行颁授仪式，也可以视情及时授予。荣誉称号的名称，根据授予对象的事迹特点确定。

八一勋章由中央军委决定，中央军委主席签发证书并颁授，一般每5年授予一次。

三、处分

处分的目的在于严明纪律，教育违纪者和部队，强化纪律观念，维护集中统一，巩固和提高部队战斗力。

处分应当坚持下列原则：

①依据事实，惩戒恰当。

②惩前毖后，治病救人。

③纪律面前人人平等。

对义务兵的处分项目如下：

①警告。

②严重警告。

③记过。

④记大过。

⑤降职或者撤职。

⑥降衔。

⑦除名。

⑧开除军籍。

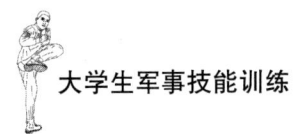

前款规定的处分项目，依次以警告为最轻处分，开除军籍为最重处分。

降职不适用于副班长，降衔不适用于列兵。

对士官的处分项目如下：

①警告。

②严重警告。

③记过。

④记大过。

⑤降职或者撤职。

⑥降衔。

⑦开除军籍。

前款规定的处分项目，依次以警告为最轻处分，开除军籍为最重处分。

降职不适用于副班长；降衔不适用于下士；降职或者降衔通常只降一职或者一衔；降职、降衔后，其职务、军衔晋升的期限按照新的职务、军衔等级重新计算。

对军官（文职干部）的处分项目如下：

①警告。

②严重警告。

③记过。

④记大过。

⑤降职（级）或者降衔（级）。

⑥撤职。

⑦开除军籍。

前款规定的处分项目，依次以警告为最轻处分，开除军籍为最重处分。降职（级），即降低职务等级（专业技术等级）；降衔（级），即降低军官军衔（文职干部级别）。

第四节　《队列条令》的基本内容

《队列条令》是规定军队军人队列动作、队列队形和队列指挥的条令。是全军队列训练和队列生活的依据。

一、立正、跨立、稍息

（一）立正

立正是军人的基本姿势，是队列动作的基础。军人在宣誓、接受命令、进见首长和向首长报告、回答首长问话、升降国旗、迎送军旗、奏唱国歌和军歌等严肃庄重的时机和场合，均应当立正，如图1-1所示。

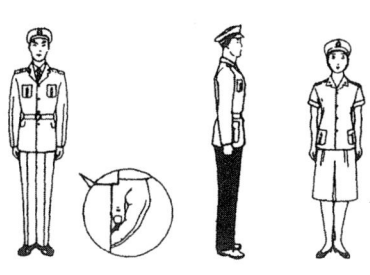

图 1-1　立正

口令：立正。

要领：两脚跟靠拢并齐，两脚尖向外分开约60度；两腿挺直；小腹微收，自然挺胸；上体正直，微向前倾；两肩要平，稍向后张；两臂下垂自然伸直，手指并拢自然微曲，拇指尖贴于食指第二节，中指贴于裤缝；头要正，颈要直，口要闭，下颌微收，两眼向前平视。参加阅兵时，下颌上仰约15度。

（二）跨立

跨立即跨步站立，主要用于训练、执勤和舰艇上分区列队等场合，可以与立正互换，如图1-2所示。

图 1-2　跨立

口令：跨立。

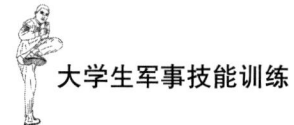

要领：左脚向左跨出约一脚之长，两腿挺直，上体保持立正姿势，身体重心落于两脚之间；两手后背，左手握右手腕，拇指根部与外腰带下沿或者内腰带上沿同高；右手手指并拢自然弯曲，拇指贴于食指第二节，手心向后。携枪时不背手。

（三）稍息

稍息是队列动作中一种休息和调整姿势的动作，可以与立正互换。

口令：稍息。

要领：左脚顺脚尖方向伸出约全脚的三分之二，两腿自然伸直，上体保持立正姿势，身体重心大部分落于右脚；携枪（筒）时，携带的方法不变，其余动作同徒手；稍息过久，可以自行换脚，动作应当迅速。

二、停止间转法

停止间转法是停止间（原地）变换方向的方法，分向右转、向左转、向后转，需要时也可半面向右（左）转。

（一）向右（左）转

口令：向右（左）——转；半面向右（左）——转。

要领：以右（左）脚跟为轴，右（左）脚跟和左（右）脚掌前部同时用力，使身体协调一致向右（左）转90度，身体重心落在右（左）脚，左（右）脚取捷径迅速靠拢右（左）脚，成立正姿势。转动和靠脚时，两腿挺直，上体保持立正姿势；半面向右（左）转，按照向右（左）转的要领转45度。

（二）向后转

口令：向后——转。

要领：按照向右转的要领向后转180度。

三、行进与停止

行进的基本步法分为齐步、正步和跑步，辅助步法分为便步、踏步、移步和礼步。

（一）齐步

齐步是军人行进的常用步法。

口令：齐步——走。

要领：左脚向正前方迈出约 75 厘米，按照先脚跟后脚掌的顺序着地，同时身体重心前移，右脚照此法动作；上体正直，微向前倾；手指轻轻握拢，拇指贴于食指第二节；两臂前后自然摆动，向前摆臂时，肘部弯曲，小臂自然向里合，手心向内稍向下，拇指根部对正衣扣线（着海军藏青色春秋常服、冬常服时，拇指根部对正双排扣中间位置），并高于春秋常服或者冬常服最下方衣扣约 5 厘米（着夏常服、水兵服时，高于内腰带扣中央约 5 厘米；着作训服时，与外腰带扣中央同高），离身体约 30 厘米；向后摆臂时，手臂自然伸直，手腕前侧距裤缝线约 30 厘米；行进速度每分钟 116～122 步。

（二）正步

正步主要用于分列式和其他礼节性场合。

口令：正步——走。

要领：左脚向正前方踢出约 75 厘米，腿要绷直，脚尖下压，脚掌与地面平行，离地面约 25 厘米，适当用力使全脚掌着地，同时身体重心前移，右脚照此法动作；上体正直，微向前倾；手指轻轻握拢，拇指伸直贴于食指第二节；向前摆臂时，肘部弯曲，小臂略成水平，手心向内稍向下，手腕下沿摆到高于春秋常服或者冬常服最下方衣扣约 15 厘米处（着夏常服、水兵服时，高于内腰带扣中央约 15 厘米处；着作训服时，高于外腰带扣中央约 10 厘米处），离身体约 10 厘米；向后摆臂时左手心向右、右手心向左，手腕前侧距裤缝线约 30 厘米；行进速度每分钟 110～116 步。

（三）跑步

跑步主要用于快速行进，如图 1-3 所示。

图 1-3 跑步

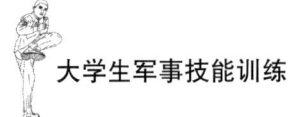

口令:跑步——走。

要领:听到预令,两手迅速握拳(四指蜷握,拇指贴于食指第一关节和中指第二节),提到腰际,约与腰带同高,拳心向内,肘部稍向里合;听到动令,上体微向前倾,两腿微弯,同时左脚利用右脚掌的蹬力跃出约85厘米,前脚掌先着地,身体重心前移,右脚照此法动作;两臂前后自然摆动,向前摆臂时,大臂略垂直,肘部贴于腰际,小臂略平,稍向里合,两拳内侧各距衣扣线约5厘米(着海军藏青色春秋常服、冬常服时,两拳内侧各距双排扣中间位置约5厘米);向后摆臂时,拳贴于腰际;行进速度为每分钟170~180步。

(四)便步

便步用于行军、操练后恢复体力及其他场合。

口令:便步——走。

要领:用适当的步速、步幅行进,两臂自然摆动,上体保持良好姿态。

(五)踏步

踏步用于调整步伐和整齐。

停止间口令:踏步——走。

行进间口令:踏步。

要领:两脚在原地上下起落(抬起时,脚尖自然下垂,离地面约15厘米;落下时,前脚掌先着地),上体保持正直,两臂按照齐步或者跑步摆臂的要领摆动。

(六)移步(5步以内)

移步用于调整队列位置。

1. 右(左)跨步

口令:右(左)跨×步——走。

要领:上体保持正直,每跨1步并脚一次,其步幅约与肩同宽,跨到指定步数停止。

2. 向前或者后退

口令:向前×步——走;后退×步——走。

要领:向前移步时,应当按照单数步要领进行(双数步变为单数步);向前1步时,用正步,不摆臂;向前3步、5步时,按照齐步走的要领进行；向后退步时，从左脚开始，每退 1 步靠脚一次，不摆臂，退到指定步数停止。

（七）礼步

礼步主要用于纪念仪式中礼兵的行进。

口令：礼步——走。

要领：左脚向正前方缓慢抬起，腿要绷直，脚尖上翘，与腿约成 90 度，脚后跟离地面约 30 厘米，按照脚跟、脚掌顺序缓慢着地，步幅约 55 厘米，右脚照此法动作；上体正直，两臂下垂自然伸直、轻贴身体（抬祭奠物除外）；手指并拢自然微曲，拇指尖贴于食指第二节，中指贴于裤缝；行进速度为每分钟 24～30 步。

（八）携便携式折叠写字椅行进

携折叠写字椅行进时，左手提握支脚上横杠中间部位，左臂下垂自然伸直，写字板面朝外。

四、行进间转法

（一）齐步、跑步向右（左）转

口令：向右（左）转——走。

要领：左（右）脚向前半步（跑步时，继续跑 2 步，再向前半步），脚尖向右（左）约 45 度，身体向右（左）转 90 度时，左（右）脚不转动，同时出右（左）脚按照原步法向新方向行进。

半面向右（左）转走，按照向右（左）转走的要领转 45 度。

（二）齐步、跑步向后转

口令：向后转——走。

要领：左脚向右脚前迈出约半步（跑步时，继续跑 2 步，再向前半步），脚尖向右约 45 度，以两脚的前脚掌为轴，向后转 180 度，出左脚按照原步法向新方向行进。

五、坐下、蹲下、起立

（一）坐下

1. 徒手坐下

口令：坐下。

要领：左小腿在右小腿后交叉，迅速坐下（坐凳子时，听到口令，左脚向左分开约一脚之长；女军人着裙服坐凳子时，两腿自然并拢），手指自然并拢放在两膝上，上体保持正直。

2. 携便携式折叠写字椅坐下

口令：先"放凳子"后"坐下"。

要领：当听到"放凳子"的口令，左手将折叠写字椅提至身前交于右手，右手反握支脚上横杠，左手移握写字板和座板上沿，两手协力将支脚拉开；尔后上体右转，两手将折叠写字椅轻轻置于脚后，写字板扣手朝前，恢复立正姿势；当听到"坐下"的口令，迅速坐在折叠写字椅上。

使用折叠写字椅的靠背或者写字板时，应当按照"打开靠背"或者"打开写字板"的口令，调整折叠写字椅和坐姿；组合使用写字板时，根据需要确定组合方式和动作要领。

3. 背背囊（背包）坐下

口令：先"放背囊（背包）"后"坐下"。

要领：听到"放背囊（背包）"的口令，两手协力解开上、下扣环，握背带；取下背囊（背包），上体右转，右手将背囊（背包）横放在脚后，背囊（背包）正面向下，背囊口向右（背包口向左）；按照"坐下"的口令坐在背囊（背包）上；携枪（筒）放背囊（背包）时，先置枪（架枪、筒），后放背囊（背包）。

（二）蹲下

口令：蹲下。

要领：右脚后退半步，前脚掌着地，臀部坐在右脚跟上（膝盖不着地），两腿分开约60度（女军人两腿自然并拢），手指自然并拢放在两膝上，上体保持正直；蹲下过久，可以自行换脚。蹲下动作，如图1-4所示。

图 1-4 蹲下

（三）起立

口令：起立。

要领：全身协力迅速起立，左脚取捷径靠拢右脚（蹲下时，右脚取捷径靠拢左脚），成立正姿势或者成持枪、肩枪（筒）立正姿势。

班用机枪架枪和 40 火箭筒架筒时，起立后取枪、筒。

携背囊（背包）起立时，当听到"取背囊（背包）——起立"的口令后，按照放背囊（背包）的相反顺序进行。

携便携式折叠写字椅起立时，当听到"取凳子——起立"的口令后，按照放折叠写字椅的相反顺序进行。

六、脱帽、戴帽

（一）脱帽

口令：脱帽。

要领：立姿脱帽时，双手捏帽檐或者帽前端两侧，将帽取下，取捷径置于左小臂，帽徽朝前，掌心向上，四指扶帽檐或者帽墙前端中央处，小臂略成水平，右手放下。

坐姿脱帽时，双手捏帽檐或者帽前端两侧，将帽取下，置于桌（台）面前沿左侧或者膝上，使帽顶向上、帽徽朝前，也可以置于桌斗内。

（二）戴帽

口令：戴帽。

要领：双手捏帽檐或者帽前端两侧，取捷径将帽迅速戴正。

携枪（筒）时，用左手脱帽、戴帽。

需夹帽时（作训帽除外），双手捏帽檐或者帽前端两侧，取捷径将帽取下，左手握帽墙（女军人戴卷檐帽时，将四指并拢，置于下方帽檐与帽墙之间），小臂夹帽自然伸直，帽顶向左，帽徽朝前。

七、整理着装

整理着装，通常在立正的基础上进行。

口令：整理着装。

要领：两手（持自动步枪时，将枪夹于两腿间）从帽子开始，自上而下，将着装整理好（必要时，也可以相互整理）；整理完毕，自行稍息；听到"停"的口令，恢复立正姿势。

八、敬礼、行进间敬礼与礼毕

敬礼分为举手礼、注目礼和举枪礼。

（一）敬礼

1. 举手礼

口令：敬礼。

要领：上体正直，右手取捷径迅速抬起，五指并拢自然伸直，中指微接帽檐右角前约2厘米处（戴卷檐帽、无檐帽或者不戴军帽时微接太阳穴，约与眉同高），手心向下，微向外张（约20度），手腕不得弯曲，右大臂略平，与两肩略成一线，同时注视受礼者。举手礼，如图1-5所示。

图1-5 举手礼

2.注目礼

口令同上。

要领：面向受礼者成立正姿势，同时注视受礼者，并目迎目送，右、左转头角度不超过45度。

3.举枪礼（用于阅兵式或执行仪仗任务）

口令：向右看——敬礼。

要领：右手将枪提到胸前，枪身垂直并对正衣扣线，枪面向后，离身体约10厘米，枪口与眼同高，大臂轻贴右胁；同时左手接握表尺上方，小臂略平，大臂轻贴左胁；同时转头向右注视受礼者，并目迎目送，右、左转头角度不超过45度。举枪礼，如图1-6所示。

图1-6 举枪礼

（二）礼毕

口令：礼毕。

要领：行举手礼者，将手放下；行注目礼者，将头转正；行举枪礼者，将头转正，右手将枪放下，使托前踵轻轻着地，同时左手放下，成持枪立正姿势。

第二章　分队的队列动作

第一节　队列常识

分队队列的基本队形为横队、纵队、并列纵队。班、排列队的常用队形为横队，连、营、团列队的常用队形为并列纵队。需要时，可以调整为其他队形。

（一）班的队形

班的基本队形分为横队和纵队。需要时，可以成二列横队或者二路纵队。队列人员之间的间隔（两肘之间）通常约为 10 厘米，距离（前一名的脚跟至后一名的脚尖）约为 75 厘米。需要时，可以调整队列人员之间的间隔和距离。班的队形，如图 2-1 所示。

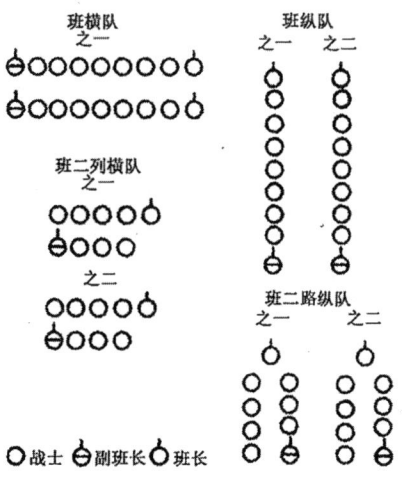

图 2-1　班的队形

步兵班通常按照指挥员、机枪射手、机枪副射手、步枪（冲锋枪）手、火箭筒射手、火箭筒副射手、副指挥员的顺序列队，必要时也可以按照身高列队。

（二）步兵排的队形

步兵排的队形，如图2-2所示。

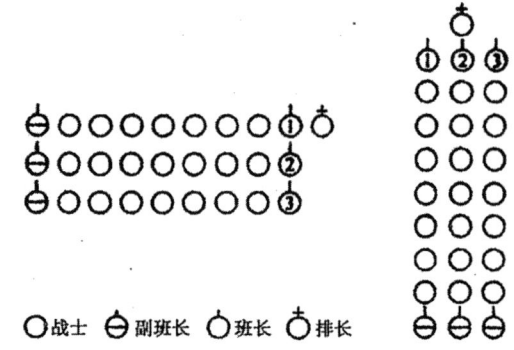

图2-2　步兵排的队形

排的基本队形分为横队和纵队。

排横队由各班的班横队依次向后排列组成。排纵队由各班的班纵队依次向右并列组成。排长的队列位置，横队时，在第一列基准兵右侧；纵队时，在队列中央前。

（三）步兵连的队形

步兵连的基本队形分为连横队、连纵队和连并列纵队。连横队由各排的排横队依次向左并列组成。连纵队由各排纵队依次向后排列组成。连并列纵队由各排的排纵队依次向左并列组成。

连指挥员的位置：横队、并列纵队时，位于一排长右侧，前列为连长、副连长，后列为连政治指导员；纵队时，位于一排长前，前列为连长、连政治指导员，后列中央为副连长。

步兵连的队形，如图2-3和图2-4所示。

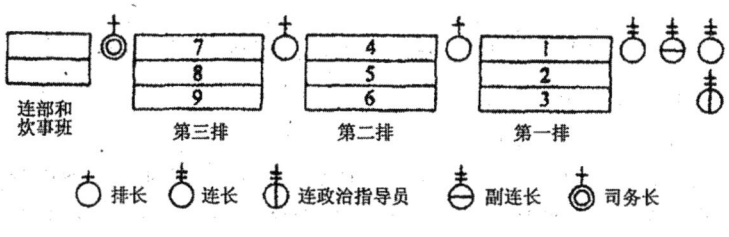

图 2-3 步兵连的队形（横队）

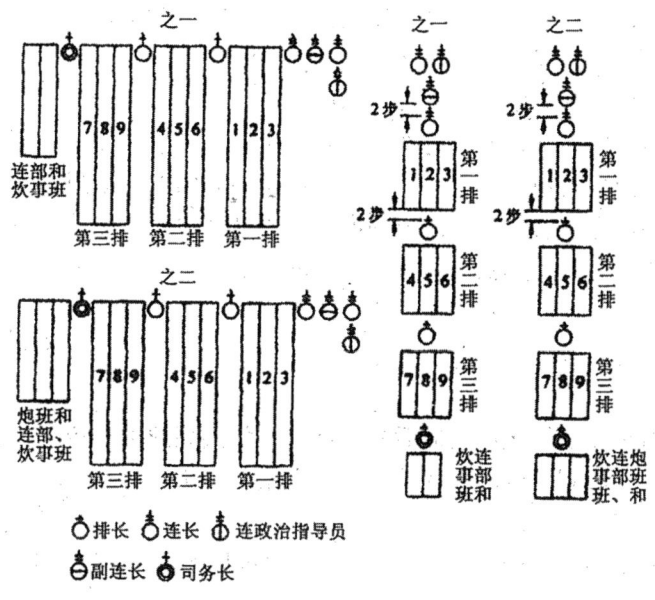

图 2-4 步兵连的队形（并列纵队）

第二节 集合、离散

（一）集合

集合是使单个军人、分队、部队按照规范队形聚集起来的一种队列动作。

集合时，指挥员应当先发出预告或者信号，如"全连注意"或者"×排注意"，然后站在预定队形的中央前方，面向预定队形成立正姿势，下达"成××队——集合"的口令。所属人员听到预告或者信号，原地面向指挥员成立正姿势；听到口令，跑步到指定位置面向指挥员集合（在指挥员后侧的人员，应当从指挥员右侧绕过），自行对正、看齐，成立正姿势。

1. 班集合

口令：成班横队（二列横队）——集合。

要领：基准兵迅速到班长左前方适当位置，成立正姿势，其他士兵以基准兵为准，依次向左排列，自行看齐；成班二列横队时，单数士兵在前，双数士兵在后。

口令：成班纵队（二路纵队）——集合。

要领：基准兵迅速到班长前方适当位置，成立正姿势，其他士兵以基准兵为准，依次向后排列，自行对正；成班二路纵队时，单数士兵在左，双数士兵在右。

2. 排集合

口令：成排横队——集合。

要领：基准班在指挥员前方适当位置，成班横队迅速站好，其他班成班横队，以基准班为准，依次向后排列，自行对正、看齐。

口令：成排纵队——集合。

要领：基准班在指挥员右前方适当位置，成班纵队迅速站好，其他班成班纵队，以基准班为准，依次向右排列，自行对正、看齐。

3. 连集合

口令：成连横队——集合。

要领：队列内的其他连指挥员或者基准排，在指挥员左前方适当位置，成横队迅速站好，各排和连部成横队，以连指挥员或者基准排为准，依次向左排列，自行对正、看齐。

口令：成连纵队——集合。

要领：队列内的其他连指挥员或者基准排，在指挥员前方适当位置，成纵队迅速站好，各排和连部成纵队，以连指挥员或者基准排为准，依次向后排列，自行对正、看齐。

口令：成连并列纵队——集合。

要领：队列内的其他连指挥员或者基准排，在指挥员左前方适当位置，成纵队迅速站好，各排和连部成纵队，以连指挥员或者基准排为准，依次向左排列，自行对正、看齐。

（二）离散

离散是使列队的单个军人、分队、部队各自离开原队列位置的一种队列动作。

1. 离开

口令：各营（连、排、班）带开（带回）。

要领：队列中的各营（连、排、班）指挥员带领本队迅速离开原列队位置。

2. 解散

口令：解散。

要领：队列人员迅速离开原列队位置。

第三节　整齐、报数

（一）整齐

整齐是使列队人员按照规定的间隔、距离，保持行、列平齐的一种队列动作。整齐分为向右（左）看齐和向中看齐。

口令：先"向右（左）看——齐"后"向前——看"。

要领：基准兵不动，其他士兵向右（左）转头（持枪时，听到预令，迅速将枪稍提起，看齐后自行放下；持120反坦克火箭筒时，听到预令，左手握提把，右手握握把，提起发射筒，看齐后自行放下），眼睛看右（左）邻士兵腮部，前四名能通视基准兵，自第五名起，以能通视到本人以右（左）第三人为度；后列人员，先向前对正，后向右（左）看齐；听到"向前——看"的口令，迅速将头转正，恢复立正姿势。

口令：先"以×××为准，向中看——齐"后"向前——看"。

要领：当指挥员指定"以×××为准（或者以第×名为准）"时，基准兵答"到"，同时左手握拳高举，大臂前伸与肩略平，小臂垂直举起，拳心向右；听到"向中看——齐"的口令后，其他士兵按照向左（右）看齐的要领实施；听到"向前——看"的口令后，基准兵迅速将手放下，其他士兵迅速将头转正，恢复立正姿势；一路纵队看齐时，可以下达"向前——对正"的口令。

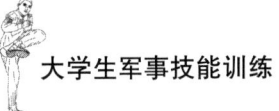

（二）报数

口令：报数。

要领：横队从右至左（纵队由前向后）依次以短促洪亮的声音转头（纵队向左转头）报数，最后一名不转头；数列横队时，后列最后一名报"满伍"或者"缺×名"；连集合时，由指挥员下达"各排报数"的口令，各排长在队列内向指挥员报告人数，如"第×排到齐"或者"第×排实到××名"，必要时连也可以统一报数。

连实施统一报数时，各排不留间隔，要补齐，成临时编组的横队队形。报数前，连指挥员先发出"看齐时，以一排长为准，全连补齐"的预告，尔后下达"向右看——齐"口令，待全连看齐后，再下达"向前——看"和"报数"的口令，报数从一排长开始，后列最后一名报"满伍"或者"缺×名"。

第四节　出列、入列

单个军人和分队出列、入列，通常用跑步，5步以内用齐步，1步用正步，或者按照指挥员指定的步法执行，然后进到指挥员右前侧适当位置或者指定位置，面向指挥员成立正姿势。

（一）单个军人出列、入列

1. 出列

口令：×××（或者第×名），出列。

要领：出列军人听到呼点自己姓名或者序号后应当答"到"，听到"出列"的口令后，应当答"是"。

①位于第一列（左路）的军人，按照本条上述规定，取捷径出列。

②位于中列（路）的军人，向后（左）转，待后列（左路）同序号的军人向右后退1步（左后退1步）让出缺口后，按照本条的上述规定从队尾（纵队时从左侧）出列；位于"缺口"位置的军人，待出列军人出列后，即复原位。

③位于最后一列（右路）的军人出列，先退1步（右跨1步），然后，按照本条有关规定从队尾出列。

2. 入列

口令：入列。

要领：听到"入列"口令后，应当答"是"，然后按照出列的相反程序入列。

(二) 班（排）出列、入列

1. 出列

口令：第 × 班（排），出列。

要领：听到"第 × 班（排）"的口令后，由出列班（排）的指挥员答"到"，听到"出列"的口令后，由出列班（排）的指挥员答"是"，并用口令指挥本班（排），按照本条的有关规定，以纵队形式从队尾（位于第一列的班取捷径）出列。

2. 入列

口令：入列。

要领：听到"入列"的口令后，由入列班（排）指挥员答"是"，并用口令指挥本班（排），以纵队形式从队尾（位于第一列的班取捷径）入列。

第五节　行进、停止

横队和并列纵队行进以右翼为基准，纵队行进以左翼为基准（一路纵队行进以先头为基准）。

(一) 行进

指挥员应当下达"× 步——走"的口令。听到口令，基准兵向正前方前进，其他士兵向基准翼标齐，保持规定的间隔、距离行进。纵队行进时，排、连通常成三路纵队，也可以成一、二路纵队。行进中，需要时，用"一二一"（调整步伐的口令）、"一二三四"（呼号）或者唱队列歌曲，以保持步伐的整齐和振奋士气。

(二) 停止

指挥员应当下达"立——定"的口令。听到口令，按照立定的要领实施，分队的动作要整齐一致；停止后，听到"稍息"的口令，先自行对正、看齐，再稍息。

第六节 方向变换

队形变换是由一种队形变为另一种队形的队列动作。

（一）横队和纵队的互换

1. 横队变纵队

停止间口令：向右——转。

行进间口令：向右转——走。

2. 纵队变横队

停止间口令：向左——转。

行进间口令：向左转——走。

要领：停止间，按照单个军人向右（左）转的要领实施；行进间，按照单个军人向右（左）转走的要领实施；分队动作要整齐一致；队形变换后，排以上指挥员应当进到规定的列队位置。

（二）停止间班横队和班二列横队，班纵队和班二路纵队互换

1. 班横队变班二列横队

口令：成班二列横队——走。

要领：变换前，先报数；听到口令，双数士兵左脚后退1步，右脚（不靠拢左脚）向右跨1步，左脚向右脚靠拢，站到单数士兵之后，自行对正、看齐。

2. 班二列横队变班横队

口令：先"间隔1步，向左离开"后"成班横队——走"。

要领：听到"间隔1步，向左离开"的口令，取好间隔；听到"成班横队——走"的口令，双数士兵左脚左跨1步，右脚（不靠拢左脚）向前1步，左脚向右脚靠拢，站到单数士兵左侧，自行看齐。

3. 班纵队变班二路纵队

口令：成班二路纵队——走。

要领：变换前，先报数；听到口令，双数士兵右脚右跨1步，左脚（不靠拢右脚）向前1步，右脚向左脚靠拢，站到单数士兵右侧，自行对正、看齐。

4.班二路纵队变班纵队

口令：先"距离2步，向后离开"后"成班纵队——走"。

要领：听到"距离2步，向后离开"的口令，取好距离；听到"成班纵队——走"的口令，双数士兵右脚后退1步，左脚（不靠拢右脚）站到单数士兵之后，自行对正。

（三）连纵队和连并列纵队的互换

1.连纵队变连并列纵队

停止间口令：成连并列纵队，齐步——走。

行进间口令：成连并列纵队——走。

要领：连指挥员或者基准排踏步，其他排和连部逐次进到连指挥员或者基准排左侧踏步并取齐，然后听口令前进或者停止。

连、排指挥员位置的变换方法：听到口令，连长左脚继续踏1步，右脚向右前1步，进到政治指导员前方仍踏步，政治指导员继续踏步，副连长向前2步（未编有副政治指导员时，副连长向左前2步），进到连长左侧，副政治指导员向左前1步，进到政治指导员左侧，排长、司务长进到预定列队位置，继续踏步并取齐。

2.连并列纵队变连纵队

停止间口令：成连纵队，齐步——走。

行进间口令：成连纵队——走。

要领：连指挥员或者基准排照直前进，其他排和连部停止间和行进间均踏步，待连指挥员或者基准排离开原位后，各排按照排长、连部和炊事班按照司务长的口令依次跟进。

连、排指挥员位置的变换方法：听到口令，连长向左前1步，进到副连长前方踏步，政治指导员向前2步，进到连长右侧继续踏步，副政治指导员向右前1步，进到副连长右侧继续踏步（未编有副政治指导员时，副连长右跨半步并踏步），排长、司务长进到预定列队位置继续踏步，取齐后照直前进。

（四）横队和并列纵队方向变换

停止间，通常是左（右）转弯或者左（右）后转弯，必要时可以向后转。

停止间口令：左（右）转弯，齐（跑）步——走，或者左（右）后转弯，齐（跑）步——走；向后——转，齐（跑）步——走（当需要向后转走时，应当先下"向

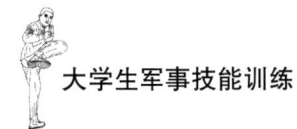

后——转"的口令，待方向变换后，再下"齐步——走"或者"跑步——走"的口令）。

行进间口令：左（右）转弯——走，或者左（右）后转弯——走。

要领：一列横队方向变换时，轴翼士兵踏步，并逐渐向左（右）转动；外翼第一名士兵用大步行进并同相邻士兵动作协调，逐步变换方向（越接近轴翼者，其步幅越小），其他士兵用眼睛的余光向外翼取齐，并保持规定的间隔和排面整齐，转到90度或者180度时踏步并取齐，听口令前进或者停止。

数列横队和并列纵队方向变换时，第一列轴翼士兵停止间用踏步、行进间用小步，外翼士兵用大步行进，保持排面整齐，边行进边变换方向，转到90度或者180度后，听口令前进或者停止；后续各列按照上述要领，保持间隔、距离，取捷径进到前一列转弯处，转向新方向跟进。

（五）纵队方向变换

停止间，通常是左（右）转弯，或者左（右）后转弯，必要时可以向后转。

停止间口令：左（右）转弯，齐（跑）步——走，或者左（右）后转弯，齐（跑）步——走；向后——转，齐（跑）步——走（按照横队和并列纵队向后转走的方法实施）。

行进间口令：左（右）转弯——走，或者左（右）后转弯——走。

要领：一路纵队方向变换，基准兵在左（右）转弯时，按照单个军人行进间转法（停止间，左转弯走时，左脚先向前1步）的要领实施，在左（右）后转弯时，用小步边行进边变换方向，转到90度或者180度后，照直前进；其他士兵逐次进到基准兵的转弯处，转向新方向跟进。

数路纵队方向变换时，按照数列横队和并列纵队方向变换的要领实施。

[知识拓展] 队列口令的分类、下达口令的基本要领和呼号的节奏

（一）口令分类

口令是队列训练和日常列队时指挥员下达的口头命令。根据下达方法的不同其可以分为以下四种。

①短促口令。其特点是，只有动令，不论几个字，中间不拖音、不停顿，通常按照音节（字数）平均分配时间，有时最后一个字稍长，发音短促有力，如"停""报数""放背包""验枪完毕"等。

②断续口令。其特点是，预令和动令之间有停顿（微歇），如"第×名，

出列"等。

③连续口令。其特点是，预令的拖音与动令相连，有时预令与动令之间有微歇，预令拖音稍长，其长短视部（分）队大小而定；动令短促有力，如"立——定""向右——转"等。有的口令，预令和动令都有拖音，如"向军旗——敬礼——"等。

④复合口令。其兼有断续口令和连续口令的特点，如"以×××为准，向中看——齐""右后转弯，齐步——走"等。

（二）下达口令的基本要领

①发音部位要正确。下达口令用胸音或者腹音。胸音（即胸膈膜音）多用于下达短促口令；腹音（即由小腹向上提气的丹田音）多用于下达带拖音的口令。

②掌握好音节。下达口令要有节拍，预令、动令有明显的节奏，使队列人员能够听得清晰。

③注意音色，音量不要平均分配。下达口令一般起音要低，由低向高拔音，如"向右看——齐"，"齐"字发音要高。

④突出主音。下达口令时，把重点字的音量加大，如"向后——转"要突出"后"字，"向前×步——走"要突出数字。

第二单元　射击与战术

教学目标：了解轻武器的战斗性能，掌握射击动作要领，进行体会射击；学会单兵战术基础动作，了解战斗班组攻防的基本动作和战术原则，培养学生良好的战斗素养。

第三章　轻武器射击

第一节　武器常识

一、性能与构造

（一）81式自动步枪

81式自动步枪是一种近距离消灭敌人的自动武器，其可对400米内的单个人员目标实施有效射击，也可集中火力射击500米内的集团目标。其弹头在1500米处仍有杀伤力。该枪使用7.62毫米的子弹，采用弹匣送弹、气体操纵，既可进行半自动射击（打单发），又可进行自动射击（打连发），还可以射枪榴弹。弹匣可装30发子弹，当弹匣的最后一发子弹发射出去时，滑机退回至后面挂机。该武器在100米距离上，使用56式普通弹，可射穿6毫米厚的钢板、15厘米厚的砖墙、30厘米厚的土层或40厘米厚的木板。如图3-1所示。

图3-1　81式自动步枪

其各项参数如下。
①枪全长：1105毫米。
②最大射程：2000米。
③不带刺刀：955毫米。

④有效射程：400米。

⑤枪托折回：760毫米。

⑥理论射速：680～750发/分钟。

⑦枪全重：3.5千克。

⑧战斗射速：单发射40发/分钟；点射90～110发/分钟。

⑨装满子弹的弹匣重：0.90千克。

81式自动步枪主要由十大部件组成：刺刀（匕首）、枪管、瞄准具、导气装置、机匣、枪机、复进机、击发机、弹匣和枪托。除此之外其另有一套附品。各部件，如图3-2所示。

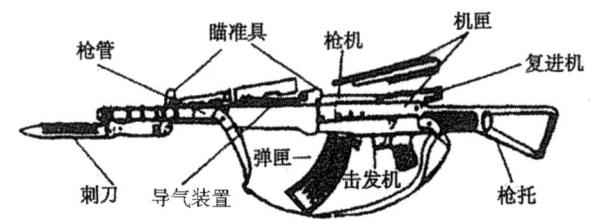

图3-2　81式自动步枪十大部件

其各部件用途如下。

①刺刀，用以刺杀敌人。

②枪管，用以赋予弹头及枪榴弹飞行方向。

③瞄准具由表尺和准星组成，用以瞄准。

④导气装置，用以调节和承受火药气体的压力，推压枪机向后。

⑤机匣，用以容纳枪机、复进机，固定击发机和弹匣。

⑥枪机，用以送弹、闭锁、击发和退壳，并能使击锤向后成待发状态。

⑦复进机由导管、导杆、导管座、复进簧和支撑环组成，用以使枪机回到前方位置。

⑧击发机，用以与枪机相互作用形成待发和击发。

⑨弹匣，用以容纳和托送子弹，可装30发子弹。

⑩枪托，用以操枪、据枪。

其附品，包括擦拭杆、鬃刷、附件盒、通条、油壶、背带和弹匣袋，用以分解结合、擦拭上油和排除故障。

（二）95式自动步枪

95式自动步枪是我军比较新式的一种近距离消灭敌人的自动武器，能有效杀伤400米内的单个目标和5000米内的集团目标。该枪使用5.8毫米的子弹，弹匣送弹（装30发），既可进行单发射，也可进行短点射（2～5发）和长点射（6～10发），还可发射40毫米系列枪榴弹。该武器使用87式5.8毫米普通弹，在300米距离上，能射穿10毫米厚的A3钢板；在600米距离上，在射穿2毫米厚的冷轧钢板后，仍能穿透14厘米厚的松木板。如图3-3所示。

图3-3　95式自动步枪

其各参数如下：
①枪全长（不带刺刀）：746毫米。
②刺刀长：302毫米。
③枪全重：3.3千克。
④装满子弹弹匣重：0.54千克。
⑤理论射击：560发/分钟。
⑥单发射：40发/分钟。

95式自动步枪也由十大部件组成。其各部件的名称及用途同81式自动步枪。

二、子弹

枪与弹是不可分离的有机整体，二者互为条件发挥作用。子弹由弹头、弹壳、底火和发射药四部分组成。

子弹的种类比较多，常用的有以下几种：
①普通弹，用以杀伤敌人的有生力量。
②曳光弹，用以试射和指示目标以及作信号用，曳光距离可达800米，命中干草能起火，弹头头部为绿色。
③燃烧弹，用以引燃易燃物体，弹头头部为红色。
④穿甲燃烧弹，用以射击飞机和轻装甲目标（在200米距离内穿甲厚度为7毫米），并能在穿透装甲后引燃汽油，弹头头部为黑色并有一道红圈。

除此之外，还有空包弹、教练弹、空炸弹等训练用的辅助弹。

三、保养

要保养好武器装备,必须做到"两勤四不",即勤检查、勤擦拭、不碰摔、不生锈、不损坏、不丢失。

(一)检查

①检查武器外部是否有污垢、锈痕和碰伤,尤其是准星和表尺是否弯曲和松动。
②检查枪膛内是否有污垢、生锈和损伤。
③检查各机件运行是否灵活,有无锈痕和损坏,要特别检查击针。
④检查附品是否齐全完好,子弹有无锈蚀、凹陷、裂缝和松动。

(二)擦拭

正常情况下,武器每周至少擦拭一次。实弹射击后应用油布将武器认真擦拭干净并上油,在以后的三四天内应每天擦拭一次。训练演习后,应适时地用干布和油布进行擦拭,擦拭后,应放在通风处干燥晾干,严禁火烤和曝晒。

擦拭后,应分解武器。分解前必须验枪,按顺序和要领进行,不要强敲硬卸;分解下来的机件应按次序放在干净的物体上;除规定的分解内容外,不准分解其他机件。81式自动步枪分解步骤,如图3-4所示。

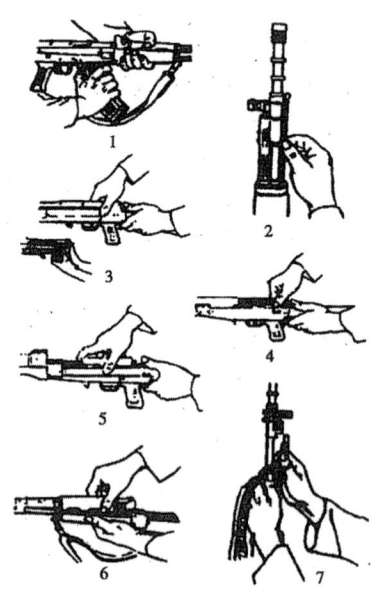

图3-4 81式自动步枪分解步骤

①卸下弹匣（56式半自动步步枪除外）。

②拔出通条，取出附品盒。

③卸下机匣盖（95式自动步枪卸下枪托）。

④抽出复进机，使机体和机栓分开，

⑤取出枪机，使机体和机栓分开。

⑥卸下护盖（56式半自动步枪、冲锋枪除外）。

⑦分解导气装置，卸下活塞及调节塞。

分解完后，将枪身横放于机件上方，枪口向左，并把机件和附品整理好，摆放整齐。

结合时，按分解的相反顺序进行。结合后，应拉送枪机数次，检查机件结合是否正确。

第二节　简易射击学理

一、发射

火药气体压力将弹头从膛内推出去的现象叫发射。

发射的过程是：扣动枪的扳机，击针撞击子弹底火，使起爆药着火，火焰通过导火孔引燃发射药，产生大量的火药气体，在膛内形成很大压力，迫使弹头脱离底部弹壳，沿膛线旋转加速前进，直至推出枪口。

二、后坐

发射时，武器向后运动的现象称为后坐。

后坐形成的原因是：发射药燃烧时，气体同时作用于各个方向，向前作用于弹头后部的压力推送弹头前进，向后作用于弹壳的压力通过枪机传给整个武器，使武器向后运动，形成后坐力。

后坐对单发（连发首发）射击的命中影响极小，对连发射击的命中却有一定的影响。因为连发射击时，第一发子弹出膛后，由于枪身的明显后坐变动了原来的瞄准线，使第二发以后的射弹产生偏差。但只要射手据枪动作正确，适应连发武器射击时的后坐规律，就能减小后坐对连发命中的影响，提高连发射击精度。

三、弹道

弹头在飞行运动中所经过的路线称为弹道。

弹道形成的原因是：弹头脱离枪口后，一方面受到地心吸引力的作用逐渐下降；另一方面受到空气阻力的作用越飞越慢，因此形成一条不均等的弧线。升弧较长较直，降弧较短较弯曲。

四、直射和直射距离

由于弹道是弧线，而瞄准线是直线，所以它们不在一条水平线上。瞄准线上的弹道高在实际表尺距离上不超过目标高的射击叫直射。这段表尺距离就是直射距离。

用同一武器射击时，目标高度不同，直射距离也不同。目标越高，直射距离越大；目标越低，直射距离越小。用不同类型的武器对同一类型目标射击时，弹道越低伸直射距离越大，反之则越小，如人胸目标距离为250米，81式自动步枪射击误测为300米，装定表尺"3"，瞄准目标中央射击，250米处的弹道高为0.21米，没有超过目标高，目标仍能被杀伤。

五、选定表尺分划和瞄准点

弹道是弧线，而不是直线，如果用枪管直接瞄向目标射击，射弹就会打低打近。抬高枪口对目标射击的景况，如图3-5所示。

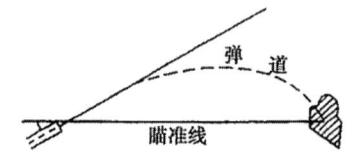

图3-5 抬高枪口对目标射击的景况

为了命中目标，必须将枪口抬高，使枪身轴线和瞄准线之间形成一定的角度，即瞄准角。

瞄准角的大小是根据射弹在不同距离上的降落量来确定的。

距离越远，降落量越大，所需要的瞄准角就越大距离越近，降落量越小，其瞄准角也就越小。瞄准具就是根据上述原理设计的。各个距离上枪口抬高多少，在表尺上刻有相应的分划，只要按照目标的距离装（选）定表尺分划瞄准射击，就能命中目标。

选定表尺分划和瞄准点的方法如下：

（一）定实际距离表尺分划，瞄准目标中央

定实际距离表尺分划，瞄准目标中央是最基本的选定方法。当目标距离为百米整数时，可根据目标的距离装定相应的表尺分划，瞄准点选目标中央，如自动步枪对100米距离人胸目标射击时，定表尺"1"，瞄准目标中央射击，即可命中目标中央。定实际距离表尺分划射击景次如图3-6所示。

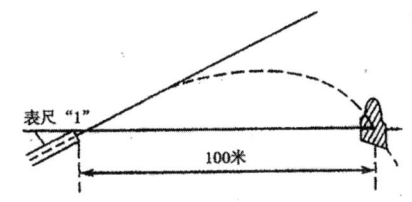

图3-6　定实际距离表尺分划射击景况

（二）定大于或小于实际距离表尺分划，适当降低或提高瞄准点

在实际射击和训练中，特别是在实战中很难遇到百米整数的目标。当目标距离不是百米整数时，通常选定大于实际距离的表尺分划，根据武器在该距离上的弹道高，相应降低瞄准点射击，如自动步枪在250米距离内对人胸目标射击时，定表尺"3"，在250米处的弹道高为21厘米时，瞄准目标下沿中央射击，即可命中目标。

有时也可选定小于实际距离的表尺分划，根据武器在该距离上的负弹道高，相应提高瞄准点射击，如自动步枪对250米距离上的人胸目标射击时，定表尺"2"，在250米处的弹道为负18厘米时，瞄准目标头顶中央射击，即可命中。定大于实际距离表尺分划射击景况，如图3-7所示。定小于实际距离表尺分划射击景况，如图3-8所示。

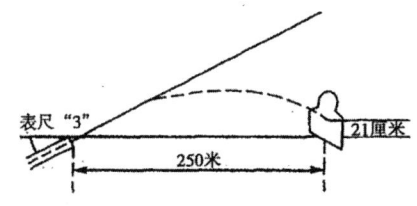

图3-7　定大于实际距离表尺分划射击景况

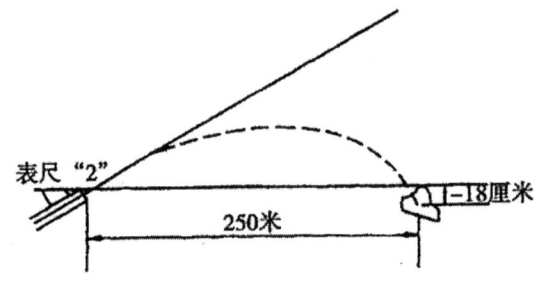

图 3-8 定小于实距离表尺分划射击景况

(三)定常用表尺分划,小目标瞄下沿中央,大目标瞄下部中央

定常用表尺分划对 300 米以内目标射击景况,如图 3-9 所示。

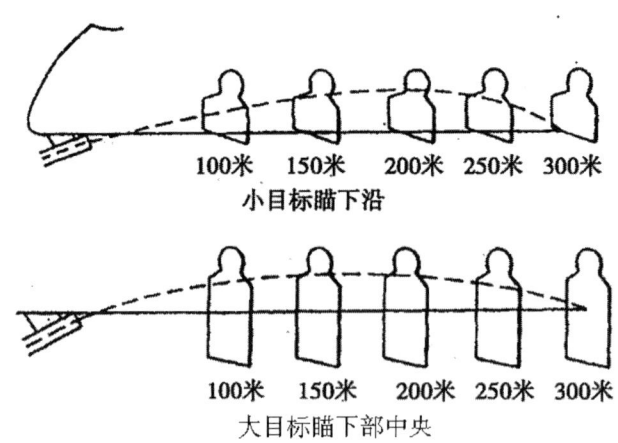

图 3-9 定常用表尺分划对 300 米以内目标射击景况

战斗中,由于时间紧迫,而目标的距离也在不断地变化,有时来不及选定表尺。因此,对 300 米距离以内的目标射击时,通常定常用表尺(表尺"3")分划,小目标瞄下沿中央,大目标瞄下部中央射击,即可命中,如自动步枪定常用表尺对 300 米以内人胸目标(高 50 厘米)射击时,瞄目标下沿中央,则整个瞄准线上最大弹道高为 35 厘米,没有超过目标高,目标在 300 米距离内,都会被杀伤。

第三节 武器操作

一、操枪

操枪是指士兵携带枪支的动作和方法,就自动步枪、冲锋枪和半自动步枪而言,通常分为持枪、肩枪、挂枪和背枪。

(一)持枪

持枪时,右臂自然下垂,左手将背带挑起、拉直,由右手拇指在内压住,余指并拢在外将枪握住(半自动步枪握上护木),同时左手放下,托底板在右脚外侧全部着地,枪托后踵同脚尖齐。

95式自动步枪通常不持枪。

(二)肩枪

肩枪一般由持枪换成。听到"肩枪"的口令,右手握护木将枪向前送出,左手反方向(掌心向外)接握护木,并将枪倒置于胸前,弹匣向右(半自动步枪肩枪时,右手将枪提起置于胸前,左手接握下护木);右手移握背带(拇指由内顶住),以两手的合力将枪送于右肩上,右大臂轻贴右肋,成肩枪立正姿势。

(三)挂枪

挂枪通常由肩枪换成。听到"挂枪"的口令,右手移握护木将枪口转向前,左手掌心向下在右肩前握背带;两手协力将背带从头上套过,落在左肩,使枪身在胸前成45度;右手移握枪颈(枪把折叠时,握复进机盖后端),左手放下(也可握护木),成挂枪立正姿势。挂枪如图3-10所示。

图3-10 挂枪

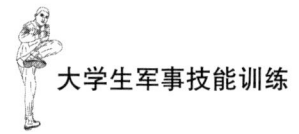

半自动步枪通常不挂枪。

挂枪恢复成肩枪时，左手移握护木，右手移握背带，两手协力将背带从头上套过，落在右肩，枪口向下，枪身垂直；右手移握背带（拇指由内顶住），左手放下，成肩枪立正姿势。

（四）背枪

1. 挂枪换背枪

听到"背枪"的口令，右手握准星座，稍向上提；左手在左肩前握背带；两手协力将枪转到背后；两手放下，成背枪立正姿势。背枪恢复成挂枪时，右手掌心向前移握准星坐，稍向上提；左手在右肋前握背带；两手协力将枪转到胸前；右手移握枪颈（枪把折叠时，握复进机盖后端），左手放下或握护木，成挂枪立正姿势。

2. 肩枪换背枪

听到"背枪"的口令，左手在右手上方握背带，右手掌心稍向后移握准星座（半自动步枪，右手提下背带环）；两手协力将枪上提，左手将背带从头上套过，落在左肩；两手放下成背枪立正姿势。背枪恢复成肩枪时，右手掌心向后握准星座（半自动步枪，右手握下背带环）；左手在左后前握背带，两手协力将背带从头上套过，落在右肩；右手握背带（拇指由内顶住），左手放下，成肩枪立正姿势。

二、验枪及射击准备

验枪及射击准备均是在射击训练或实弹射击前应做的准备工作，是保证训练和射击安全的重要措施。自动步枪和冲锋枪验枪、射击准备通常是在肩枪的基础上实施的，半自动步枪则通常是在持枪的基础上进行的。

（一）验枪

验枪就是检查枪的弹膛、弹匣、弹盒和教练弹中有无实弹。在使用武器前后及必要时均应验枪。验枪时，严禁枪口对人。

听到"验枪"口令后，以右脚掌为轴，身体半面向右转，左脚顺势向前迈出一步（两脚约与肩同宽），同时右手移握护木将枪向前送出（半自动步枪右手将枪向前送出），左手接握下护木，左大臂紧靠左肋，枪托贴于右胯，准星约与肩同高；右手打开保险，卸下弹匣（半自动步枪打开枪仓），交给左手。

当指挥员检查时,拉枪机向后。验过后,自行送回枪机,装上弹匣(半自动步枪关上弹仓),扣扳机,关保险,移握枪颈。

听到"验枪完毕"的口令后,左手反握护木,将枪倒置于胸前,上背带环约与肩同高,右手挑起背带,身体半面向左转,在右脚靠拢左脚的同时,两手协力将枪送上右肩,恢复背枪姿势(半自动步枪右手握上木,成持枪立正姿势)。

(二)射击准备

射击准备主要包括向弹匣(夹)内装填子弹和采取各种射击姿势装退子弹。

1. 向弹匣(夹)内装子弹

射击前,应正确地向弹匣(夹)内装子弹,如果子弹装得不好,在射击中就会出现卡壳、不上膛等问题,影响射击效果。装弹时,左手握弹匣,使匣口向上,挂耳向前,右手将子弹放于弹匣口,两手协力将子弹压入弹匣内(半自动步枪向弹夹上装弹)。

2. 卧姿装退子弹

卧姿装退子弹是射击准备电最常用的动作。当听到"卧姿装子弹"的口令后,右手移握护木,使枪口向前(背带从肩上脱下),左脚向右脚前迈出一大步,左臂伸出,稍向内弯,掌心向下(手指稍向右),按照手、肘、膝的顺序顺势卧倒,以身体左侧、左肘支持全身;右手将枪向目标方向送出,左手接握下护木,枪面稍向左、枪托着地,右手卸下空弹匣(弹匣口朝后、挂耳向下),交给左手握于护木右侧(半自动步枪右手拉枪机到定位),解开弹袋扣,换上实弹匣,将空弹匣装入弹袋内并扣好(半自动步枪将子弹夹插入弹夹),拇指打开保险,拉枪机送子弹上膛,右手定复表尺,然后移握握把,全身伏地,两脚分开约与肩同宽,目视前方,准备射击。卧姿装子弹,如图3-11所示。

图3-11 卧姿装子弹

射击完毕，听到"退子弹起立"口令后，身体稍向左侧，右手卸下实弹匣交给左手（半自动步枪打开枪仓，接住落下的子弹，装入弹袋），打开保险，拇指慢拉枪机向后，余指接住从膛内退出的子弹送回枪机，将子弹压入弹匣内，解开弹袋扣，换上空弹匣，把实弹匣装入弹袋内并扣好，扣扳机，关保险，表尺分划归"3"。右手移握护木，将枪收回。同时左小臂向里合，屈左腿于右腿下，以左手和两脚撑起身体，左脚向前一大步，右脚再向前一步，左手反握护木，将枪倒置于胸前，右手挑起背带，在右脚靠拢左脚的同时，两手协力将枪送上右肩，恢复肩枪姿势（半自动步枪成持枪姿势）。

注意：退出膛内子弹时，右手要慢拉枪机，使子弹平稳落入手中。

3. 跪姿装退子弹

听到"跪姿装子弹"的口令后，右手移握上护木，使枪口向前（背带从肩上脱下），左脚向前方迈出一步，右手将枪向目标方向送出，左手接握下护木，同时右膝向右跪下，臀部坐在右脚跟上（或右小腿上），左小腿略垂直，两腿约成90度，左小臂放在左大腿上，枪面稍向左，准星约与肩同高。然后，按要领（56式冲锋枪先打开枪刺）换上实弹匣，打开保险，送子弹上膛，关保险，右手握握把，目视听到"退子弹起立"的口令后，按要领卸下实弹匣，打开保险，退出膛内子弹，换上空弹匣，扣扳机、关保险，表尺分划归"3"（56式冲锋枪复回表尺，折回枪刺）。右手移握上护木的同时起立；左手反握护木，将枪倒置于胸前，右手挑起背带，在右脚靠拢左脚的同时，两手协力将枪送上右肩，恢复肩枪立正姿势。

4. 立姿装退子弹

听到"立姿装子弹"的口令后，右手移握上护木，左脚向前方迈卧姿有依托据枪。

听到"退子弹起立"的口令后，按要领卸下实弹匣，打开保险，退出膛内子弹，换上空弹匣，扣扳机，关保险，转动表尺分划归"3"（56式冲锋枪复回表尺，折回枪刺）。右手移握上护木，身体半面向左转，左手反握护木，将枪倒置于胸前，右手挑起背带，在右脚靠拢左脚的同时，两手协办将枪送上右肩，恢复肩枪立正姿势。

三、据枪、瞄准、击发

在完成射击准备之后，一旦发现目标，就应正确地据枪，快速构成瞄准线，指向瞄准点，实施果断的击发。

（一）据枪

1. 卧姿有依托据枪

自然、稳固、持久的据枪是准确射击的基础，要想做到稳固和持久，就应尽量充分利用地形，进行有依托射击。卧姿有依托据枪，如图3-12所示。

图3-12 卧姿有依托据枪

卧姿有依托射击时，下护木放在依托物上，枪身要正，身体右侧与枪身略成一线。右手将保险机扳到所需的位置，虎口向前紧握握把（半自动步枪握枪颈），食指第一节靠在扳机上，右大臂略成垂直，左肘着地外撑，左手握护木（也可握弹匣），右肘着地外撑，两肘保持稳固，胸部挺起，身体稍前倾（右肘不离地），上体自然下塌，使枪托确实抵于肩窝，头稍前倾，自然贴腮。

注意：如果按要领据好枪后，应该有"一正两紧三确实"的感觉，即枪身要正；两肘要撑紧，握把要握紧；抵肩要确实，上体下塌要确实，腹部着地要确实。

2. 跪、立姿无依托据枪

在战场上不可能时时处处都有依托物可利用，尤其是便于跪、立姿据枪的依托物更少。因此，我们还应掌握跪、立姿无依托据枪的动作。跪姿无依托据抢时，左手移握下护木或弹匣，左肘放于左膝盖上，使枪、左小臂和左小腿略在同一垂直面上；右手握握把（半自动步枪握枪颈），大臂自然下垂，上体稍向前倾，两手正直向后用力，使枪托确实抵于肩窝。跪姿，立姿无依托据枪，如图3-13和图3-14所示。

图 3-13　跪姿无依托据枪　　图 3-14　立姿无依托据枪

立姿无依托据枪时，左手移握弹匣（56 式半自动步枪握下护木或弹仓），大臂紧靠左肋，小臂尽量适合于枪身下方，也可左手托下木，大臂不靠左肋。右手握握把（半自动步枪握枪颈），大臂自然抬起，两手正直向后用力，使枪托确实抵于肩窝。

（二）瞄准

正确的瞄准是整个射击过程的重要环节。其方法是：右眼通视缺口和准星，使准星位于缺口中央，准星尖与缺口上沿平齐指向瞄准点。此时，正确瞄准景况是，准星与缺口的平正关系看得清楚，而目标看得较模糊。准星与缺口的正确关系及正确的瞄准景况，如图 3-15 和图 3-16 所示。

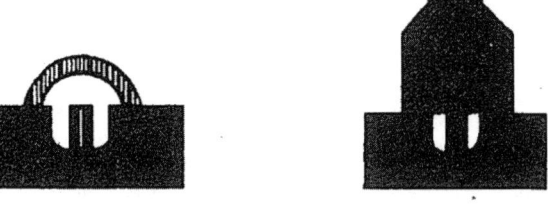

图 3-15　准星与缺口的正确关系　　图 3-16　正确的瞄准景况

①准星与缺口关系不正确对射击准确度有很大影响，准星偏哪边，弹着就偏哪边，如准星尖在缺口内偏差 1 毫米，自动步枪弹着点在 100 米距离上的偏差为 32 厘米，距离增加几倍，偏差量就增大几倍。

②若准星与缺口的关系正确，而瞄准点产生偏差，射弹也会产生偏差。

③枪面倾斜对命中精度也有一定影响,枪面偏左,射弹偏左下;枪面偏右,射弹偏右下。

准星与缺口关系不正确对命中的影响,如图3-17所示。

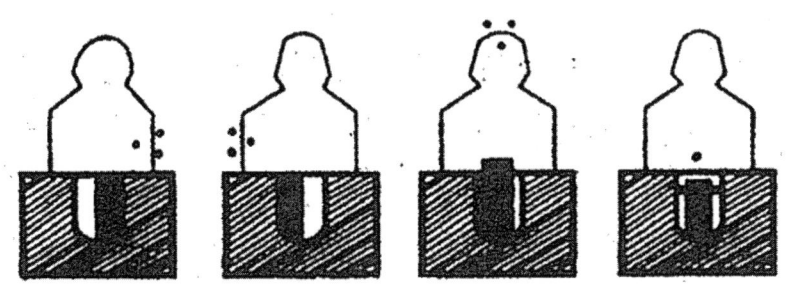

图3-17 准星与缺口关系不正确对命中的影响

(三)击发

击发是完成射击的最后一个环节。均匀正直的击发是准确射击的关键,击发动作的正确与否直接关系到射击的效果。因此,士兵必须准确掌握击发的动作要领。

击发时,射手用右手指第一节均匀正直地向后扣压扳机(食指内侧与枪机应有一点空隙),余指力量不变。当瞄准线接近瞄准点时,开始预压扳机,并减缓呼吸。当瞄准线指向瞄准点时,应停止呼吸,继续增加对扳机的压力,直至击发,击发瞬间应保持正确一致的瞄准。若瞄准线偏离瞄准点或不能继续停止呼吸时,应既不增加也不放松对扳机的压力,待修正或换气后,再继续扣压扳机,完成击发。

操纵点射时,应稳扣快松,扣到底松开为2～3发;在扣扳机的过程中,应始终保持姿势稳固,操枪力量不变,以提高连发射击的命中率。

①绝不允许猛扣扳机,猛扣扳机会使枪身扭动,射弹就会产生偏差。

②打点射时,要保持正常心态,不要因猛扣猛松扳机而造成据枪变形。只要按要领击发,枪响松手,就会操纵好点射。

瞄准具,如图3-18所示。

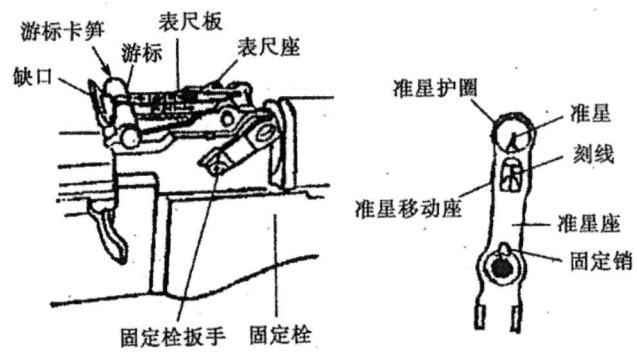

图 3-18 瞄准具

据枪、瞄准、击发是互相联系和互相影响的整体动作。稳固持久的据枪，正确一致的瞄准，均匀正直的击发，三者能否正确结合是准确射击的关键。因此，必须反复训练，才能熟练掌握。

第四节 实弹射击

一、实弹射击前的准备工作

实弹射击前的准备工作主要包括：制定实弹射击方案，确定实弹射击时间、日程，靶场规定、纪律等；检查射击场地设施，射击场必须具备可靠的靶档和确保安全的靶壕及隐蔽部，并应避开高压线；准备武器、弹药、靶板、靶纸、报靶杆、靶位号牌和射击位置号牌，各种旗帜、通讯、信号器材、秒表，成绩登记表等；挑选、培训示靶员；组织召开会议，传达射击方案，熟悉有关规定和信（记）号等；根据参加实弹射击人数、靶位数编组。实弹射击前的准备工作要做到扎实、细致、周密、安全，措施要具体明确。

二、实弹射击的组织与实施

（一）组织实弹射击的主要人员

主要人员包括射击指挥员、地段指挥员、靶壕指挥员，以及警戒、信号（观察）、示靶、发弹、记录、修械、医务人员等。

（二）射击场的主要人员职责

①射击场指挥员：负责组织设置场地，派遣勤务，监督全体人员是否遵守射击场的各项规定和安全措施，指挥射击。

②地段指挥员：在射击场指挥员的领导下，负责本地段的射击指挥。

③警戒人员：负责全场的警戒任务，严禁任何人员和牲畜进入警戒区。发现险情，应立即发出信号，并向射击场指挥员报告。

④信号（观察）员：根据射击场指挥员的指示发出各种信号，负责警戒区内的观察，发现险情立即报告。

⑤示靶人员：负责设靶、示靶和报靶等工作。

⑥发弹员：根据指挥员的指示，按规定弹种、弹数发给射手子弹，射击终止后，负责清查弹药和收回剩余子弹。

⑦记录员：负责记录射手的成绩和统计单位成绩。

⑧医务人员：负责整个实弹射击过程中的医务保障。

（三）射击开始前的组织工作

组织实弹射击时，指挥员首先应组织勤务人员按射击的需要设置好靶场；检查武器、器材的准备情况；宣布射击条件，明确有关规定、各种信号及注意事项；派出警戒人员，严密搜索警戒区；视情况发出准备射击信号，各勤务人员迅速就位，并严格履行职责。

（四）射击实施方法与具体要求

①各学生军训连到达靶场后，到指定的集结地域待命。各学生军训连连长核对本连实弹射击编组，按要求带出分组人员参加射击。射击人员到达靶场后，要做到一切行动听从指挥，不随意进入射击场地，不围观射手。

②示靶组设置和校正靶位，做好射击准备，发出可以射击的信号，指挥员发出"准备射击"的信号，第一组进入出发地线，领取子弹，按指挥员的命令进入各自的射击位置，做好射击准备，听到"开始射击"口令后射手即可射击。听到"停止射击"口令时，射手应立即停止射击，关上保险，并按指挥员的口令退出剩余子弹并起立。

③指挥员下达"验枪"的口令，射手逐个验枪，地段指挥员应严格检查。验枪后，指挥员下达"以第×名射手为准靠拢"的口令，射手跑步靠拢。组长按规定路线带出射击场外，到指挥地点休息。

④指挥员发信号或用电话通知示靶组报靶（检靶、贴靶）。示靶组组织

示靶员报靶、检靶，并登记射击成绩。其他各射击编组按顺序依次进行射击。

（五）射击完毕后的工作

①组织验检、验弹、收缴剩余子弹。
②检查武器装具，清理现场，整理器材，清查人员。

三、实弹射击评定标准

（一）单个人员射击成绩评定标准

实弹射击评定标准，见表3-1。

表3-1 实弹射击评定标准

项目	固定目标射击	
枪种	56式半自动步枪	81-1式自动步枪
目的	检验射手精度、射击技能	
目标距离	胸环靶100米	
姿势	卧姿有依托	
使弹数	5发	
评定标准	优秀：命中45环以上 良好：命中35环以上 及格：命中30环以上	
实施方法	①自下达装子弹的口令起，5分钟几射击完毕； ②每发射一次后报靶，并指示弹着点	

（二）单位实弹射击成绩评定标准

优秀：90%以上射手的成绩在及格以上，并有40%以上射手的成绩为优秀。
良好：80%以上射手的成绩在及格以上，并有40%以上射手的成绩为良好或优秀。
及格：70%以上射手的成绩在及格以上。

四、报靶的方法

一般用报靶杆报靶。报靶杆圆头（直径15～20厘米、一面红、一面白）放在靶板（靶子）的不同位置表示环数。红面表示环数；白面表示弹着偏差方向和表示脱靶。

右中间为 5 环，左上角为 6 环，正上方为 7 环，右上角为 8 环，在靶板中央上下移动为 9 环，在靶板中央左右摆动为 10 环，未击中靶子为脱靶。

为了报出弹着点的偏差，报出环数后，将报靶杆圆头放在靶板中央（白面朝外），再慢慢向偏差方向移出靶板 2 次。

五、基本射击场设置

基本射击场应设置好目标，设置出发地线和射击地线，标示出射击指挥员和勤务人员的位置，如图 3-19 所示。

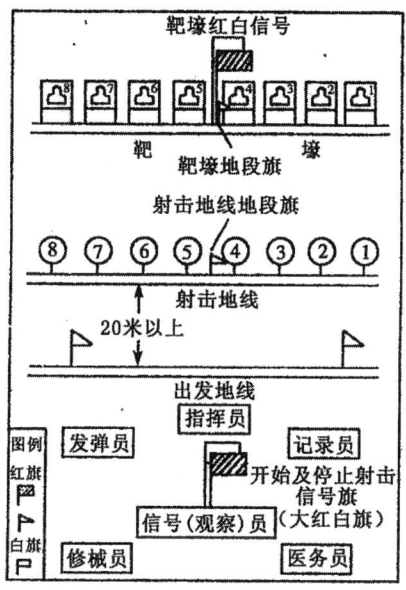

图 3-19 基本射击场设置示意图

第四章 战术基础

第一节 战斗概述与战术原则

一、战斗本质

战斗是敌对双方的部队为了实现各自的战役、战术目的,在较小的空间较短的时间内,以直接对抗的形式进行的,通常会产生实际结果的行动相互对抗、相互作用、相互影响、相互制约形成的作战过程。战斗分为进攻和防御两种基本类型。具体样式,按空间划分可分为地面战斗、海上战斗和空中战斗;按规模划分可分为战术兵团战斗、部队战斗和分队战斗;按参战力量划分可分为单一兵种战斗、诸兵种合同战斗和诸军兵种联合战斗;按地理环境划分可分为多种不同地理环境条件下的战斗,如山岳丛林地战斗、城市战斗等。尽管战斗的形态各异、千差万别,但共性的本质是保存自己、消灭敌人,这与战斗的目的是一致的。

积极的打击行动是消灭敌人的有效途径。古今中外的战斗都是以打击行动为主的,打击是消灭敌人的主要手段,是最基本的战斗行动。战斗通过有效的打击行动,并依赖灵活的机动和严密的防护创造战机,从而更有效地消灭对方。因此,战斗是以打击行动来达成消灭对方的目的。

严密的防护是保存自己的有效手段,战斗中部队必须通过严密的防护来完成保存自己的目标。防护既是保存战斗力量的基本手段,同时又是保证打击、机动有效运用的必备条件。在一方对另一方实施打击行动时,同样也会遭到对方的打击,如果只有打击而没有防护,则势必难以达到保存战斗力量的目的,消灭敌人也就无从谈起。所以,战斗双方都必须采取防护行动来保存自己,以

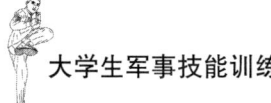

便更有效地采取打击行动消灭对方。打击与防护二者是相辅相成的，部队必须要在坚持打击行动为主的前提下，组织严密的防护行动。

二、战斗特征

战斗是战争或战役的局部，战斗的胜败关系到战役和战争的胜败，战斗的基本特征主要表现在以下几个方面：

（一）战斗服从战役、战争目的

一切战斗行动必须以战争、战争目的为准则。多数情况下，战争、战役、战斗的目的是一致的，战斗服从和服务于战争和战役目的。但有的战争、战斗目的可能暂时相悖，这时战斗的目的必须服从全局，在必需时牺牲局部利益。

（二）战斗是直接的武装对抗

战斗行动是敌我双方直接的对抗，战斗行动直接作用于作战对象，以消灭敌人或打垮敌人，达成战斗目的。战争、战役目的是通过一系列战斗行动实现的，在战场上，敌对双方针锋相对，进行死我活的拼杀，使战斗呈现出激烈的对抗性。

（三）兵力规模和时空条件有限

相对于战役来说，战斗的兵力规模和时空条件有限。战斗所投入的兵力被战术兵团、战术部队和分队规模所限制。战斗的空间和持续时间有限，并受执行战斗任务的部队的兵力规模、战斗能力和行动目的的制约。因此，战斗所作用的空间和持续时间也必然有限。

三、战术原则

战术是指进行战斗的方法，内容包括战斗原则、战斗部署、战斗指挥、战斗协同、战斗行动的方法，以及各种保障措施等，还包括行军、宿营、输送、变更部署和换班的方法。按类型分，战术分为进攻战术、防御战术；按形式分，战术分为联合战术和合同战术；按军种兵种分，战术可分为军种战术和兵种战术；按规模分，战术可分为兵团战术、部队战术、分队战术等。

（一）目的明确

保存自己与消灭敌人是战斗的基本目的。由于信息武器装备运用于战斗，增大了消灭敌人的效能，但也增加了部队保存自己的困难，所以战斗中部队需充分发挥各种武器装备的效能，灵活运用各种战法，勇敢顽强、坚决积极，最大限度地歼灭敌人有生力量。同时，采取各种有效措施，特别是加强对核武器、化学武器和精制制导武器的防护，尽可能保存自己的力量。

（二）知己知彼

知己知彼是正确指导战斗的基础。战斗中，指挥团队要不断掌握战场情况的发展变化，适时修改计划。当情况发生重大变化时，指挥团队要及时构成新的判断和定下新的决心，确定新的行动方法或调整部队行动，使主观指导符合不断变化的客观实际。

（三）集中兵力

集中优势兵力，掌握战斗的主动权是克敌制胜的根本方法。现代技术特别是信息化条件下，部队无论进攻或防御，均须在主要方向和重要时机上集中强大的兵力、火力，纵深疏散配置，兵力集中力求迅速、隐蔽和适时。

（四）主动灵活

正确的主观指导、灵活地使用兵力和变换战术，是夺取和保持主动、克敌制胜的重要条件。在现代技术特别是高技术条件下，战斗情况复杂、变化急剧，指挥员需在客观物质基础上充分发挥主观能动性，灵活指挥战斗。

（五）出敌不意

出敌不意的行动可以改变敌对双方的优劣形势。在现代技术特别是高技术条件下，需周密侦察，发现敌人的弱点，掌握其行动规律；采取有效的隐藏和保护措施，实施兵力、火力、电子佯动，欺骗、迷惑敌人，造成敌人的错觉，隐蔽己方企图和行动；利用夜暗、不良天气或有利地形，隐蔽、迅速地接近敌人，在敌人意想不到的时间和地点，集中实施兵力、火力突击和电子干扰，不失时机地歼灭敌人。

（六）密切协同

各军种、兵种、部队在统一计划下，要按目的、时间、地点协同一致地行动，充分发挥整体威力，合力打击敌人，这是夺取战斗胜利的关键。战斗中，参战部队必须贯彻统一的战术思想，正确理解上级的企图，坚决贯彻上级命令，严格执行协同计划，遵守协同纪律，主动配合，相互支援，协同一致地完成任务。

（七）全面保障

组织周全严密的战斗保障、后勤保障和技术保障，对于部队顺利完成战斗任务具有重要意义。在现代技术特别是高技术条件下，部队必须集中主要保障兵力和器材，保障主要方向和执行主要任务的部队的行动，并控制预备兵力和器材；各种保障行动必须符合战斗行动的要求；专业分队保障与部队自身保障相结合，使用制式器材保障与使用就便器材保障相结合。

第二节　单兵战术基础动作

战术是指武装人员进行战斗的方法，包括战斗基本原则、兵力部署、战斗指挥、协调动作、战斗行动的方法，以及各种保障措施等内容。战术训练是实行战术行动的基础和保证。

本节主要介绍持枪、卧倒、起立、前进等基础训练内容。

（一）持枪

持枪是士兵在战斗中为了便于运动、便于观察、便于射击所使用的携带武器的方法。在不同的地形和距离条件下，士兵可根据敌情和任务应采用不同的持枪动作。

一般的持枪动作如下。

右臂微弯，右手虎口正对上护木握枪（背带上挑压于拇指下），用五指的握力将枪身固定，枪身轴线与地面略成45度，枪身距身体约10厘米。左臂自然下垂，运动时自然摆动。持班用轻机枪和40式火箭筒时，右手握提把，右大臂轻贴身体，运动时随身体自然运动。

1.单手擎枪

右手正握握把，食指微接扳机，将枪置于身体的右侧，枪口向上，机匣盖末端贴于肩窝，枪身微向前倾，枪面向后，右大臂里合，枪托贴于右肋（枪托折叠时除外），背带自然下垂，目视前方，左手自然下垂或攀扶，运动时自然摆动。士兵单手擎枪动作，如图4-1所示。

第四章　战术基础

图 4-1　士兵单手擎枪

2. 双手持枪

左手托握下护木或握弹匣弯曲部，右手握握把，食指微接扳机，将枪身置于胸前，枪口向前，枪身略成水平，背带自然下垂或挂在后颈上。士兵双手持枪动作，如图 4-2 所示。

图 4-2　士兵双手持枪

3. 双手擎枪

在单手擎枪基础上，左手托握下护木或弹匣弯曲部，枪身略低，枪口对向前上方，背带自然下垂或压于左手下，身体与射向略成 30 度。

（二）卧倒、起立

1. 卧倒

在战场上，士兵如突遭敌人火力射击，应迅速卧倒。卧倒分为三种基本动作，即双手持枪卧倒、单手持枪卧倒和徒手卧倒。

双手持枪卧倒时，左脚向前一步，上体前倾，右膝跪地，按左肘、左膝、左小臂的顺序着地，然后转体，在全身伏地的同时两手协力将枪向目标方向送出。地面松软时也可按双膝、双肘、腹部的顺序扑地卧倒。双手持枪卧倒，如图4-3所示。

图4-3 士兵双手持枪卧倒

单手持枪卧倒时，左脚向前迈出一大步，同时身体前倾，按手、膝、肘的顺序侧卧，右手同时将枪向目标方向送出，左手接握下护木或弹匣弯曲部，全身伏地据枪射击。

徒手卧倒时的动作与单手持枪卧倒动作基本相同，只是卧倒后，两手掌心向下放置于头部的两侧或交叉于胸前，两腿自然伸直和分开。

2. 起立

双手持枪起立时，应首先观察前方情况，尔后迅速收腹、提臀，用肘、膝支起身体，左脚先上步，右脚顺势跟进，双手持枪继续前进。

单手持枪起立时，右手移握上护木收枪，同时左小臂曲回并侧身，尔后用臂、腿协力撑起身体，右脚向前一大步，左脚顺势跟进，继续携枪前进。

徒手起立时，按单手持枪的动作进行，也可双手撑起身体，同时左（右）脚向前迈步起立，尔后继续前进。

（三）前进

1. 屈身前进

屈身前进是战场上接近敌人最常用的一种运动动作，可分为慢进和快进两种姿势。

屈身慢进，通常是在距敌较远，有超过人身高或超过大部分人身高的遮蔽物及敌情不明或威胁不大的情况下采用。运动时，通常是双手持枪（也可单手持枪），上体前倾，两腿弯曲，屈身程度视遮蔽物的遮蔽程度而定，头部一般不高出遮蔽物。前进时，注意观察敌情，保持正常速度前进。

图 4-4　屈身慢进

屈身快进（也可称为跃进），通常是在距敌较近，通过开阔地或敌火力控制区时采用。快进前应先观察敌情和地形，选择好路线和暂停位置，尔后起立快速前进。运动中,通常是单手持枪(也可双手持枪),枪口朝向前上方,并注意继续观察敌情。前进的距离在 15~30 米为宜。当进至暂停位置或运动中通过敌火力威胁区时,应迅速就地隐蔽或卧倒,做好射击或继续前进的准备。屈身快进,如图 4-5 所示。

图 4-5　屈身慢进的动作与屈身快进的动作

2. 匍匐前进

士兵在敌人火力威胁较大、自身处于卧倒状态下,如发现近处(10 米以内)有地形和遮蔽物可利用时,可采用匍匐前进的运动姿势向其靠近。根据地形和遮蔽物的高低,匍匐前进又分为低姿匍匐、侧身匍匐和高姿匍匐三种姿势。

(1)低姿匍匐

低姿匍匐是身体平趴于地面并降低至最低程度的运动方式,一般是在前方遮蔽物高约 40 厘米时采用。

低姿匍匐携自动步枪的方法有两种:一种是右手掌心向上,虎口卡住机柄,五指握枪身和背带,将枪置于右小臂内侧;另一种是右手食指卡握枪背带上环处,并握枪管,余指抓背带,机柄向上,将枪置于右小臂外侧。行进时,身体正面紧贴地面,头稍微抬起,屈回右腿,伸出左手,用右脚的蹬力和左手的扒力使身体前移,然后再屈回左腿,伸出右手,用左脚的蹬力和右手的扒力使身体继续前移,依次交替前进。

徒手的低姿匍匐动作与持枪的低姿匍匐动作基本相同。低姿匍匐,如图 4-6 所示。

图 4-6　低姿匍匐

（2）侧身匍匐

侧身匍匐是在前方的遮蔽物高约 60 厘米时所采用的一种运动方式，其特点是运动的速度稍快，但姿势偏高。

携自动步枪运动时，右手前伸移握护木将枪收回，同时侧身，使身体左侧着地，左小臂前伸着地，左大臂支撑身体，左腿弯曲，右脚收回靠近臀部着地，以左大臂的扒力和右脚的蹬力带动身体前移。侧身匍匐，如图 4-7 所示。

图 4-7　侧身匍匐

徒手侧身匍匐动作与持枪侧身匍匐动作大体相同。

（3）高姿匍匐

高姿匍匐一般是在前方的遮蔽物高约 60 厘米时采用。高姿匍匐，如图 4-8 所示。

图 4-8　高姿匍匐

持枪高姿匍匐前进的动作是，左手握护木，右手握枪颈，将枪横托于胸前，枪口离地，用两肘和两膝支撑身体，然后依次前移左肘和右膝，如此交替前移。

徒手的高姿匍匐动作与持枪高姿匍匐动作基本相同。

无论采取哪种匍匐姿势，运动到预定位置或适当位置后，都应迅速卧倒隐蔽，视情况出枪射击。

(四) 利用地形地物

利用地形地物的目的在于隐蔽身体，发挥火力。只有充分地发挥火力，消灭敌人，才能有效地保存自己。因此，在利用地形地物时，应首先着眼于发挥火力。

1. 地形地物的概念

地形是地貌和地物的总称，地貌是地面高低起伏的状态，如山地、平原、凹地等。地物是地面上的固定物体，如居民地、道路、土堆、江河、树木、线杆、桥梁、房屋等。

2. 利用地形地物的要求

士兵在利用地形地物时，应根据不同情况灵活地利用和善于改造地形地物。地形地物的要求：便于观察，射击和隐蔽身体；便于接近与离开；便于防敌地面和空中火力杀伤；不妨碍班（组）长的指挥、邻兵的动控和火器射击；不要几个人拥挤在一起，以免增大伤亡；尽量避开独立、明显的物体和难于通行的地段；火箭筒手利用地形地物射击时，应有良好的射界，在火箭弹飞行的路线上不得有障碍物，筒后30米内不能有人，以免自伤。

利用地形地物时，应根据遮蔽物的高低、大小、距敌远近，是否被敌发现及敌火力威胁程度等情况，采取适当的姿势，做到迅速隐蔽的接近，由下而上的占领，周密细致的观察，不失时机的出枪（筒）。对不便于射击的位置应加以改造，在一地不要停留过久，视情况灵活地变换位置。

3. 利用地形地物的方法

利用土坎、田埂：横向地利用背敌斜面或残缺部位，火箭筒（机枪）手通常将枪（筒）脚架支在背敌斜面上，筒口距地面不得小于20厘米；纵向地通常利用弯曲部或顶端一侧，依其高度取适当姿势。土坎高于人体时，应挖踏脚孔或阶梯。利用堤坎对空射击时通常利用其顶部，并根据其高度采取不同姿势。利用土坎的方法，如图4-9所示。

图 4-9 利用土坎

利用土(弹)坑、沟渠：通常利用其前沿，纵向沟渠利用弯曲部，根据敌情、坑的大小及深度，以跳、滚、匍匐等方法进入，并取适当姿势；对空射击时，以坑沿作为依托或背靠坑壁进行射击。火箭筒手应利用坑的右前沿作为依托，以防射击时喷火自伤。

利用土堆（坟包）：通常利用独立土堆（坟包）的右侧，如视界、射界受限或右侧有敌火力威胁时，也可利用其左侧或顶端；双土堆（坟包）通常利用其鞍部；对空射击时，通常利用其后侧或顶端。利用土包，如图 4-10 所示。

图 4-10 利用土包

第三节 分队战术

分队战术的应用场景是营以下分队战斗，是战斗最基本的组织形式。分队战斗的特点是范围空间小、时间短、形式单一。

一、班（组）进攻战斗

（一）主要任务

步兵班（组）在担任突击班时，主要任务是消灭冲击目标之敌，向指定方向发展进攻或增强突击力量，扩大战果或应付意外情况。

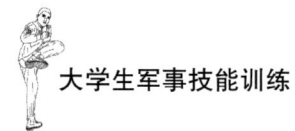

步兵班（组）在担任预备队时，班随连（排）行动，随时准备投入战斗，以增强突击力量。扩大战果，抗击敌人反冲击或应付意外情况。

步兵班（组）在担任侦察战斗队时，主要负责侦察、搜索，查明敌人防御前沿虚实，诱敌人暴露，引导攻击。

步兵班（组）在担任障碍扫残队时，主要负责在开辟的通路中扫除残存障碍，并标示通路位置。

步兵班（组）在持行渗透袭击任务时，主要是对敌方纵深目标实施侦察、袭击，控制有利地形，分割、打乱敌人部署，配合主力歼灭敌人。

步兵班（组）在持行目标指示任务时，主要利用各种通信器材等对敌方纵深内重要目标实施引导打击。

无论担任何种战斗任务，步兵班（组）在进攻战斗中都要做到：集中力量、近战歼敌，充分发挥火力，为兵力行动创造有利条件；主动引导上级火力，发挥信息节点功能；迅速、周密地做好战斗准备；及时、果断、灵活地参加战斗。

（二）战斗队形

班的基本队形通常有一字队形、一（二）路队形、三角队形、左（右）梯队形、楔形队形等，战斗时应根据敌情、地形和任务灵活运用，合理组合，适时变换。班长通常位于先头组之后的适当位置，班配属的火器组位于班长的一侧便于指挥和发扬火力的适当位置。

①一字队形，通常在通过敌火控制的开阔地域冲击时采用。

②一（二）路队形，通常在距敌较远、地形较隐蔽、敌火对我威胁不大或通过狭窄地段时采用。

③三角队形，通常在通过开阔地、密集火制区或向敌冲击时采用。

④梯形队形，通常在一侧有敌情或斜方向利用地形时采用。

（三）战斗准备

班（组）进攻战斗准备阶段通常分以下五个步骤进行。

1. 传达任务，安排工作

班长在了解任务的基础上，应迅速向所属人员传达任务，安排工作。传达途程应简明扼要，重点传达敌情、上级、本级、友邻、时限五个方面。安排工作应按照先后、轻重、缓急合理分配时间，明确分工，规定完成时限。

2.研究情况，定下决心

其通常在传达任务的基础上进行，包括研究敌人的兵力部署、火力配系、障碍火器、防御前沿位置和可能采取的行动；各级任务、冲击路线及相互协同的方法、支援火器；坦克任务及相互协同的方法、通路位置及通过的方式、信(记)号规定、完成进攻的时限及代理人。

3.组织协同

其通常在完成行动方案拟定后进行，结合任务实际，采取现地协同与地图协同相结合的方式，围绕任务区分、行动顺序、信号规定等内容，周密组织实施。

4.组织通信联络

班长在完成组织协同后，应重点组织通信联络，应综合运用电台、北斗和简易通信，建立完备的通信网络，强化频谱管理，确保指挥通信通道畅通。行动前应控制无线电发信，尽量保持无线电静默，采取口技、手语、旗语、灯火等方式进行指挥联络；战斗中以无线电通信为主，运动通信为辅，保持指挥通信通道畅通。

5.完成行动准备

班长应督促、指导全班迅速做好战斗准备，并认真检查准备情况，发现问题及时纠正。其主要内容：检查着装、装具；补充分发弹药、器材、装具；不断查明情况；及时补充明确任务；检查各组、士兵对任务的理解程度；完成准备后，及时向上级报告。

(四) 战斗行动

班（组）进攻战斗时，通常进行以下三大基本行动。

1.机动

通常由上级规定机动方式，有时也可以自行选定，采取地面、空中、水上（下）等方式机动。机动过程中应做到"一隐、二快、三奇"，即选择结合部、防御间隙与利用隐蔽地形快速渗透；机动中运用地图、北斗手持机边走边对照，确保不迷失方向，不走错路线；在敌人意想不到的路线、时间和地点，秘密快速接近目标。

2.破袭

破袭实施应坚持以破为主的思想，贯彻"声东击西、实施破袭，多路逼近、

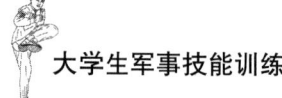

向心破袭，小群多路、同时破袭"的战法原则，尽量抵近目标，把握有利时机，以突然勇猛的行动，速战速决。

3. 撤出战斗

根据热带山岳丛林地地形特点、任务等情况，正确选择撤离的路线和方式，准确把握撤离的时机，周密组织各种保障，灵活机动地处置突发情况。撤离时，视情况全班或分组分批撤离。必要时，可派出部分兵力采取各种佯动、欺骗手段，迷惑和牵制敌人，掩护全班人员撤离。

二、班（组）防御战斗

步兵班（组）在防御战斗中通常在排的编成内，防守排支持点的一段阵地，有时也可单独防守一个阵地。根据情况其还可担任连的预备队，承担防御阵地前方或翼侧的直接警戒、袭击任务或防御纵深内打击机降等任务。

（一）主要任务

担任坚守任务时，主要任务是依托阵地抗击敌步兵、装甲目标的连续冲击，坚守阵地。

担任连的预备队时，主要任务是支援前沿战斗、实施反冲击，坚守纵深支撑点、抗击敌人向纵深发展的进攻。

担任警戒、袭击任务时，占领警戒阵地或以袭击行动防止敌人侦察、渗透，迫使敌人过早展开，为歼敌创造条件。

无论担任何种战斗任务，步兵班（组）在防御战斗中都要做到：依托阵地、顽强坚守、近战歼敌；周密、合理地配置兵力与武器；严密组织防护，形成有重点的抗击；密切配合、灵活指挥，坚决完成战斗任务。

（二）战斗队形

防御战斗中，当班（组）防守排或连支撑点的一段阵地时，通常成一线配置，有时也可成三角或梯次队形配置。

当独立防守一个阵地时，应当形成防御。根据地形特点，可成后三角配置，也可成前三角配置。翼侧暴露时，还可成左（右）梯形配置。成后三角配置时，以两个组配置在第一线，占领第一道堑壕，以一个组配置在第二线，占领第二道堑壕，并作为班的机动力量。

(三）战斗准备

班（组）防御战斗准备阶段通常分为以下七个步骤：

1. 传达任务，安排工作

班长在了解途程的基础上应迅速向所属人员传达任务、安排工作。传达任务时，应简明扼要，重点传达敌情、上级、本级、友邻、时限五个方面。安排工作时，应按照先后、轻重、缓急合理分配时间，明确分工，规定完成时限。

2. 研究情况，定下决心

情况的主要内容包括：敌人可能的攻击方向和攻击地段；各组的编成、配置和任务；各战斗时节的行动方案及协同方法；信（记）号规定；完成防御准备的时限和代理人。

3. 组织协同

结合任务实际，采取现地协同与地图相结合的方式。围绕任务区分、行动顺序、信记号规定等内容周密组织实施。

4. 组织通信联络

综合运用电台、北斗和简易通信，建立完备的通信网络，强化频谱管理，确保指挥通信通道畅通。行动前应控制无线电发信，尽量保持无线电静默，采取口技、手语、旗语、路标、灯火等手段指挥联络；战斗中以无线电通信为主，运动通信为辅，保持顺畅的指挥联络通道。

5. 组织火力配系

班长应组织全班在防御前沿前、翼侧、阵地内形成严密的火力配系，包括集中火力控制区、密集火力控制区、封锁和伏击火力地段等。

6. 组织构筑工事

班的防御阵地通常由各组阵地、各种火器的射击工事、班长的指挥观察工事、堑壕、交通壕和掩蔽部等组成。

步兵班（组）防御战斗前沿前和翼侧障碍物通常包括防坦克和防步兵混合雷场、防坦克三角锥、陷阱、铁丝网等。

班长应根据天候、季节、防御准备时间和上级指示情况，组织全班完成对阵地、人员、武器、工事的准备。

7. 完成行动准备

班长应督促、指导全班迅速做好战斗准备，并认真检查准备情况，发现问题及时纠正。其主要内容：对敌情、任务、协同事项的了解程度；各种火器射击情况；构筑工事、设置障碍等情况；武器、弹药、各种器材的准备情况；全班人员的思想状况及完成任务的信心等。

（四）战斗行动

班（组）防御战斗时，通常实施以下三大基本行动。

1. 抗击攻击

占领阵地后，班长应严密组织观察，密切监视敌情，做好抗击准备。步兵班（组）在防御战斗中要充分利用工事、地形和障碍，预防敌人各种侦察和火力袭击，打击开辟通路之敌，抗击敌人步兵、坦克和步兵战斗车的连续冲击，迟滞、消耗、歼灭敌人。

2. 粉碎冲击

当敌人发起冲击时，班长应指挥全班迅速占领阵地，充分利用地形，依托工事结合障碍，在上级火力支援下，充分发挥火器和爆破器材的威力，灵活运用防、抗、阻、打、反的战术手段，粉碎敌人冲击行动。

3. 阵内歼敌

对突入我防御阵地内的敌人坦克、步兵战斗车、步兵，步兵班（组）应当依托阵地，灵活机动，综合防、抗、阻、打、反等各种手段，坚决扼守阵地，消灭突入阵地之敌。

第三单元　防卫技能与战时防护训练

教学目标：了解格斗、防护的基本知识，熟悉卫生、救护基本要领，掌握战场自救互救的技能，提高学生安全防护能力。

第五章　擒敌术基础

擒敌术是将拳击、散打、搏击、摔跤等融为一体，综合运用踢、打、摔、擒等动作制敌的徒手格斗术。新兵训练阶段的擒敌术基本动作训练主要包括擒敌术训练常识、格斗势与步法、攻击动作、防守动作等。

第一节　擒敌术训练常识

掌握擒敌术常识是训练的基础，使受训人员重点了解掌握人体关节的活动范围，要害部位和生理机能，便于在对敌格斗中，准确控制关节和击其要害，制服敌人、保护自己。

一、人体主要关节与要害部位

（一）人体主要关节

人体骨骼的骨块之间连接点称为关节，它在人体中起着连接骨骼的作用，它能使身体做出转、展、旋、屈、伸等多种不同的运动姿态。关节在受到超过生理限度的压迫、击打、拧转、扳压时，会造成脱臼、骨折或韧带撕裂等情况，从而使关节失去原有的活动能力。

1. 颈椎

颈椎是人体躯干和头部连接的主要关节，它能前屈、后伸和左右转动。如颈椎受外力击打、扳拧后，很容易造成颈椎骨折、脱位，从而压迫脊髓神经，引起四肢麻痹、高位截瘫（图5-1），严重时会造成死亡。

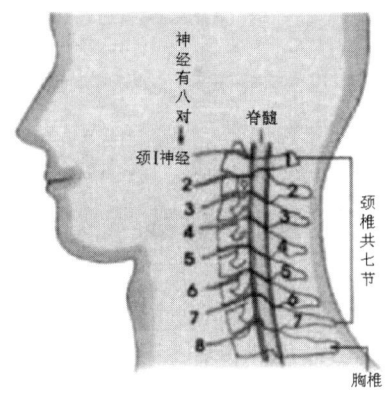

图 5-1 颈椎示意图

2. 肩关节

肩关节是关节中活动范围最大、最不稳固的关节,它是由肩胛盂衔接肱骨头而成的。肩关节处有多条韧带加固,它能内屈、外展、前后旋转,当用力左右或前后扳拧肩关节时,会造成关节脱臼(图5-2)。

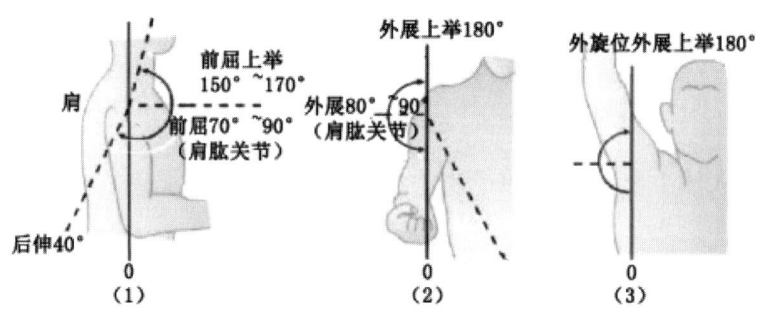

图 5-2 肩关节活动示意图

3. 肘关节

肘关节由肱尺关节、肱桡关节和桡尺近侧关节组成,其活动范围较小,是一个比较脆弱的关节。它只能伸屈和旋转,如用力压迫肘关节而超过它的活动限制时,会使其韧带撕裂或关节脱臼(图5-3)。

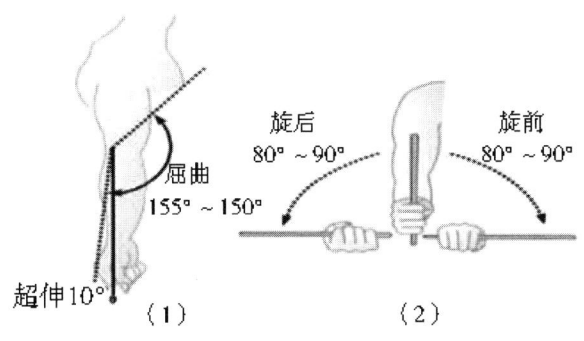

图 5-3　肘关节活动示意图

4. 腕关节

腕关节的活动范围比较大，也比较灵活，但由于加固腕关节韧带较差，如用力后折、内扭、拧扳、折压腕关节，会造成关节脱位，韧带撕裂，使腕关节完全失去活动能力（图 5-4）。

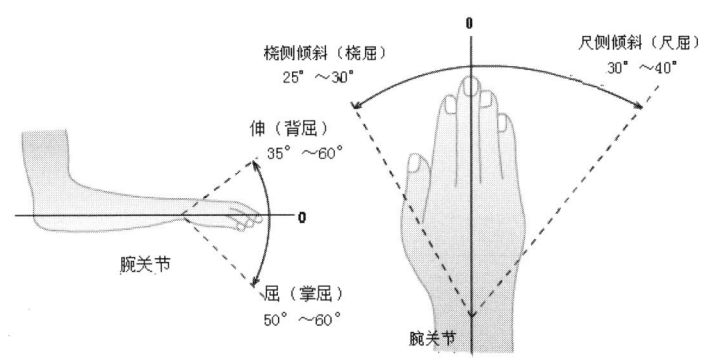

图 5-4　腕关节活动示意图

5. 指关节

指关节包括掌指关节和指间关节，指间关节是由两个短小的指骨连接而成的，它只能弯曲和伸直。这里的韧带比较薄弱，如用力向后扳压，很容易造成脱臼和骨折（图 5-5）。

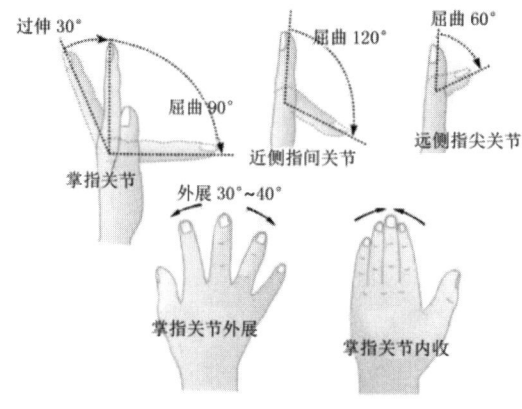

图 5-5 指关节活动示意图

6.膝关节

膝关节由股骨内外侧髁和胫骨内外侧髁以及髌骨构成,为人体构造最复杂,损伤概率较大的关节。膝关节只能屈伸并做小幅度的旋转(图 5-6)。

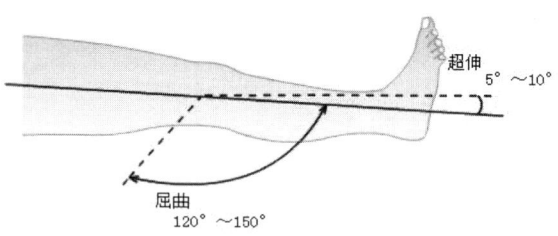

图 5-6 膝关节活动示意图

7. 踝关节

踝关节由胫、腓骨下端的关节面与距骨滑车构成,又名距骨小腿关节,是人类足部与腿相连的部位。它能做内收、外展和旋转等活动,但由于此处没有丰富的肌肉,所以最易受伤,如用力扳、拧脚掌,会使踝关节脱臼,韧带撕裂,丧失活动能力(图 5-7)。

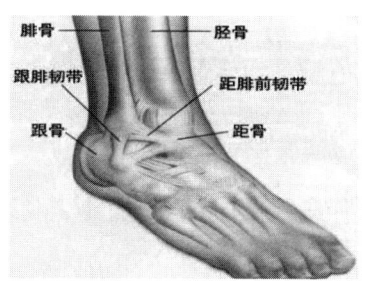

图 5-7 踝关节示意图

（二）人体要害部位

人体要害部位是指人体受到外力的击打时，会出现剧痛、昏迷甚至死亡的生理部位。在擒敌训练和实战运用时，受训者在加强自身防护的同时，应有效地运用其特点制服敌人。

1. 头部

头部有人的五官和脑，它们每个都非常脆弱，对头部进行击打，可以造成重创。头部可击打的部位如下。

（1）翼点

翼点也叫翼区，俗称太阳穴，位于眼的后外侧略上方（图5-8）。人的头骨大部分都比较坚硬，但翼点骨质薄弱，受重力击打后易产生骨折，引起颅内硬膜外血肿。重者会造成失语、昏迷或死亡。

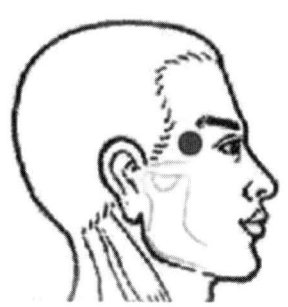

图 5-8 太阳穴示意图

（2）眼

眼是人的视觉器官，当眼受到外力击打时，经过眼心反射可造成心跳减慢、血压下降甚至心搏骤停；当眼被插入性的点状暴力攻击时，易造成出血或失明。

（3）鼻

鼻位于面部中央，内有丰富的血管。鼻骨比较脆弱，因此鼻受到外力击打时易产生鼻骨骨折和出血，且出血比较严重，重者还可造成脑震荡。

（4）耳

耳是人的听觉器官，作用于外耳的暴力打击，经过传导，可引起眩晕、站立不稳和跌倒。

（5）下颌

下颌位于面部的下三分之一，是头部唯一能活动的关节。下颌骨较硬，但结构存在多处薄弱环节，受到外力击打易发生骨折。

2. 颈部

颈是人的头部和身体连接的部位，可以击打的位置如下：

（1）喉

喉位于颈前部，是人的呼吸通道和发声器官（图5-9）。对喉的击打和锁扼可造成呼吸不畅，严重的可造成窒息。

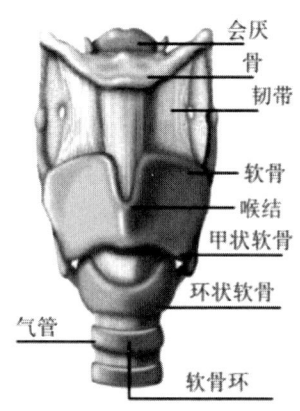

图5-9 喉部示意图

（2）颈动脉

颈动脉位于颈的两侧，左右各一，是向脑部输送血液的通道（图5-10）。压迫双侧颈动脉，可迅速有效的阻断、减少脑血流量。若压迫时间延长，可引起昏迷和严重的脑损伤。

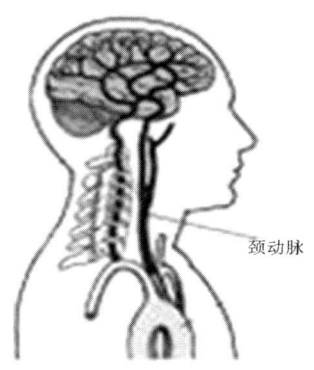

图 5-10　颈动脉示意图

3．胸部

胸部内有心脏这一重要器官，在受到骤然的暴力作用下，易造成血压下降、心跳减慢或骤停。心肌挫伤会引起剧痛、心慌气短、心律失常，严重者会导致死亡。

4．肋

肋主要是指肋骨，共12对（图5-11）。肋在受到外力的击打后，极易发生骨折，骨折断端可能刺破胸膜和肺组织，造成呼吸困难，甚至死亡。

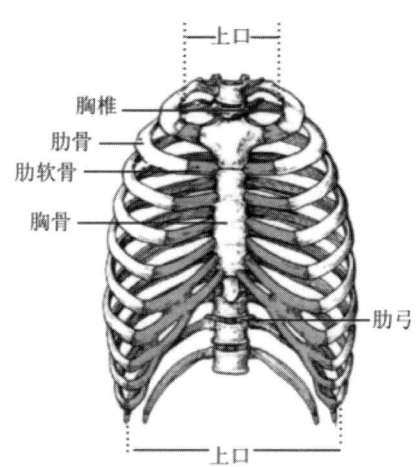

图 5-11　肋骨示意图

5．腹部

可分为上腹部和下腹部。

（1）上腹部

上腹部内有胃、十二指肠，击打力量重可引起疼痛性休克、血压下降、心搏骤停，力量轻可造成呕吐。

（2）下腹部

下腹部主要有肝脏和脾脏，暴力击打会使肝和脾脏挫伤、破裂、出血，导致昏迷和死亡。

6. 腰

腰部主要有肾脏器官，左右各一，而且紧贴腹后壁，位置较浅。肾脏器官较脆弱，在钝性暴力的打击下，易造成肾挫伤、破裂和出血，导致剧痛和死亡。

7. 裆部

裆部神经系统比较敏感，轻微的击打即可引起剧痛，重力击打可造成出血、肿胀，导致疼痛性休克。

（三）基本手型与步型

练习基本手型、步型是初学者应该掌握的基本知识，是擒敌术训练的基础。常用的手型有拳、掌、爪，常用的步型有开立步、弓步、马步、骑龙步等。

1. 手型

在格斗中将手做出某种固定的形状被称为手型，如拳、掌、爪等。

（1）拳

四指并拢卷握，拇指紧扣在食指、中指的第 2 指节上，拳面平，手腕挺直稍内扣。拳分为拳峰、拳面、拳背、拳眼、拳心、拳轮等（图 5-12、图 5-13）。在格斗中一般用拳峰、拳面、拳背、拳轮击打对手要害部位。

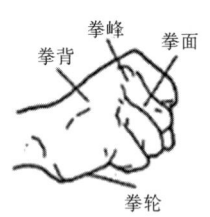
图 5-12 拳（一）

图 5-13 拳（二）

（2）掌

①立掌。四指并拢、伸直，拇指弯曲紧贴于虎口处。此掌分为掌背、掌指、

掌外沿、掌心、掌根等（图5-14）。在格斗中一般用掌外沿、掌根推砍对手要害部位。

②八字掌。四指并拢伸直，拇指外展，虎口张开成"八"字（图5-15）。此掌主要用虎口卡、按、压对手要害部位。

③横掌。四指并拢，拇指紧扣于虎口处，掌心向下，掌外沿向前，手腕内扣（图5-16）。此掌主要用掌外沿横砍、横切、横推对手要害部位。

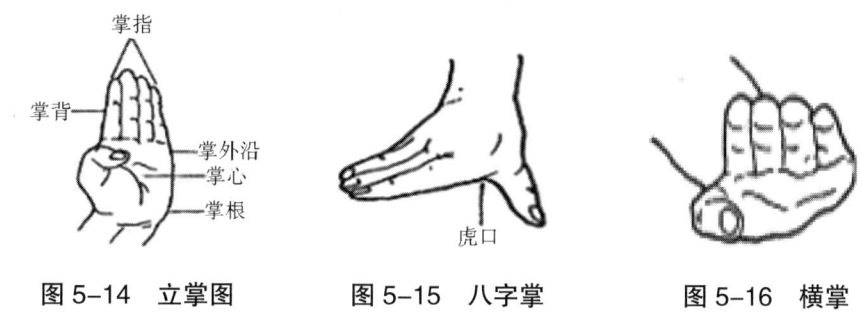

图5-14　立掌图　　　图5-15　八字掌　　　图5-16　横掌

（3）爪

五指弯曲四指并拢，拇指分开成爪形，爪心向下，如鹰爪状（图5-17）。此爪主要用于抓握对方手腕、肘关节、肩等部位。

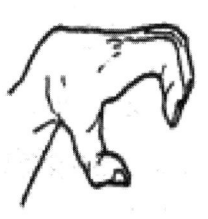

图5-17　爪

2. 步型

（1）开立步

在立正的基础上，左脚向左前上步，脚尖微内扣45度，右脚尖外摆与正前方成45度，两脚之间距离约与肩同宽，两膝微屈，重心在两脚之间（图5-18）。

（2）弓步

在立正的基础上，左（右）脚向前一步，左（右）腿屈膝90度，上体正直，双手握拳于腰际。后腿挺直，重心落于两脚之间（图5-19）。

(3) 马步

在立正的基础上,左脚向左横跨一步,距离大于肩宽,两脚尖朝前,两腿屈膝半蹲,膝关节约成 90 度,上体保持正直,重心落于两腿之间(图 5-20)。

(4) 仆步

在立正的基础上,右(左)脚向右(左)侧跨步,右(左)腿屈膝下蹲,左(右)腿伸直,支撑腿小腿立直,左脚脚尖内扣,右脚脚尖朝 45 度方向,目视左(右)侧(图 5-21)。

(5) 骑龙步

在立正的基础上,两脚成开立步站立,屈膝下蹲,重心落于两腿之间,向左转髋,右膝内扣,右脚跟离地微向外摆(图 5-22)。

图 5-18　开立步　　　　　图 5-19　左弓步

图 5-20　马步　　　　　图 5-21　仆步

图 5-22 骑龙步

第二节 格斗势与步法

正确的格斗势与步法是进行有效攻击和严密防守的基础。其基本要求是能向任何方向快速移动和闪躲；能快速实施攻击；能保持正确的防守姿态，以缩小暴露面，增大防守面。

一、格斗势

格斗势是进行擒敌术训练，与敌格斗的基本姿势。

口令：准备格斗，停。

动作要领：在自然站立的基础上（图 5-23），右脚向右后方撤步，身体半面右转，两脚分开（略比肩宽），脚尖内扣，右脚跟微抬起，膝盖指向脚尖方向；含胸收腹，双膝微屈，重心落于两腿之间；右脚撤步的同时，两手握拳上抬（与下颌同高），大臂自然下垂，拳心向内，左臂弯曲约成 90 度，右拳置于右肩前，拳心距下颌 5～10 厘米，下颌微收，身体放松，两眼目视前方（图 5-24）。

图 5-23　自然站立　　　　图 5-24　格斗势

听到"停"的口令后，身体半面左转，两拳收于腰际，而后右脚靠拢左脚，恢复立正姿势。

动作要点：

①两脚打开距离要适当，重心在两脚之间。

②膝关节微屈保持弹性，便于进攻和防守。

③两臂轻贴两肋，自然放松。

易犯毛病及纠正方法如下。

①身体僵硬，不能保持自然放松状态。

纠正方法：可进行耸肩练习，充分体会肩部紧张与放松的状态。

②两脚站在一条直线上，重心不稳。

纠正方法：在并脚站立的基础上，右脚向右横移一脚距离，再向后撤步，按动作要领完成格斗势。

二、步法

步法是根据格斗的需要，在格斗势的基础上前进、后退，用来与敌保持一定距离的方法。步法在格斗中非常重要，拳谚云："技击步为先。"这说明在格斗中，运用攻击、防守、反击动作之前，步法是先导。步法对于人自身的重心稳固、攻防技术运用等都起着关键作用。

（一）前进步

口令：前进步，1、2……

在格斗势的基础上，右脚掌蹬地发力，左脚向前上步，而后右脚快速跟步，格斗姿势不变（图 5-25）。

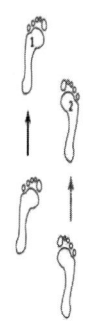

图 5-25　前进步

（二）后退步

口令：后退步，1、2……

在格斗势的基础上，左脚掌蹬地发力，右脚向后退步，而后左脚快速撤步，格斗姿势不变（图 5-26）。

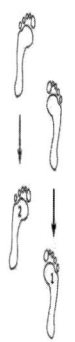

图 5-26　后退步

（三）左闪步

口令：左闪步，1、2……

在格斗势的基础上，右脚掌蹬地发力，左脚向左前上步，而后右脚迅速向左跟步，上体微向右转，重心一次性移动到位，格斗姿势保持不变（图 5-27）。

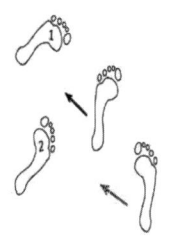

图 5-27 左闪步

（四）**右闪步**

口令：右闪步，1、2……

在格斗势的基础上，左脚掌蹬地发力，右脚向右侧平移，而后左脚向右跟进，上体适当左转，重心一次性移动到位，格斗姿势保持不变（图 5-28）。

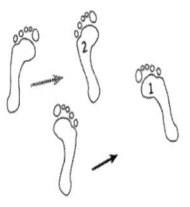

图 5-28 右闪步

步法动作要点：

①步法移动快速、灵活。

②移动时保持格斗姿势，闪步时根据实际需要确定转体角度，始终面向对手；

③双脚不能同时离地，轻贴地面，切忌拖步、跳步。

步法易犯毛病及纠正方法如下。

①移动时重心起伏过大，影响攻防速度。

纠正方法：可采取限高法，在练习时配手手持一根木棍置于操练者头顶上方3～5厘米处，限制操练者重心起伏。

②两脚距离过大或过小，导致身体重心不稳。

纠正方法：可采用画线法，规定两脚移动距离，强调两脚移动距离应尽量保持一致。

③上体晃动过大，闪步转体刻意追求角度。

纠正方法：练习时，强调上体要保持格斗姿势；转体时整体转动，角度根据实际需要确定。

第三节　攻击动作

在格斗中攻击动作有很多种，主要有"三拳四腿，一肘一膝"，即直拳、摆拳、勾拳、正蹬腿、弹踢腿、横踢腿、侧踹腿、横击肘以及冲膝。受训者在练习中应注重培养重拳、重腿等"杀手锏"，提高一招制敌的能力。

一、拳法

拳法是格斗当中使用最多的攻击动作，它灵活多变、效果明显，动作连续性强，便于学习和掌握。拳法进攻时，要求整体发力，按照"放松—紧张—放松"的顺序进行，熟练掌握蹬地、转腰、送肩、出拳的动作方可发力顺畅。

（一）直拳

直拳属于直线攻击拳法，主要击打对手的面部和下颌，具有击打快速、便于掌握的特点。一般前手直拳求快，而后手直拳求重。

1. 右直拳

口令：右直拳，1、2……

动作要领：在格斗势的基础上，右脚蹬地身体左转，右膝内扣，充分借助扭腰转体送肩的力量，右拳直线旋转冲出，略比肩高，拳心向下，着力点在拳面；同时左拳回收防护下颌（图5-29），目视攻击方向；拳击打到位后，右肘自然下沉，右拳按原路线迅速收回，恢复格斗势。

图 5-29　右直拳

2. 左直拳

口令：左直拳，1、2……

动作要领：在格斗势的基础上，左脚掌蹬地身体稍向右转，充分利用扭腰转体的力量，左拳直线快速击出，略比肩高，拳心向下，着力点在拳面；右拳防护下颌（图 5-30），目视攻击方向；拳击打到位后，左肘自然下沉，左拳按原路线迅速收回，恢复格斗势。

图 5-30　左直拳

动作要点：

①直拳的发力要以蹬地转体为基础，出拳应结合身体的转动。

②出拳方向与受击打面垂直，切忌提前抬肘。

动作要领可归纳为：蹬地扣膝腰必转，送肩出拳走直线。

易犯毛病及纠正方法如下。

①身体僵硬，影响击打速度。

纠正方法：可采用分步练习法，先进行慢速不发力练习，再进行快速不发力练习，在练习时应轻握拳及肩部肌肉放松。

②击打时向后引拳，抬肘送拳，身体左右摇摆。

纠正方法：训练时，可两人一组，配手站在操练者后方，将手放于操练者手臂后侧或肘关节外侧，检查操练者是否引拳或提前抬肘，同时观察操练者身体是否左右摇摆；强调出拳时上体要以腰为轴，平行转动。

③出拳没有扭腰转体，击打力度不够。

纠正方法：两腿分开成高马步，蹬地扣膝转体甩臂，进行转腰体会练习。

④出拳时，肘关节挺肘过猛，易造成肘关节损伤。

纠正方法：反复体会出拳时送肩小臂内旋动作过程。

（二）摆拳

摆拳是弧线攻击拳法，主要攻击对手头部两侧和下颌，具有力度大、杀伤性强的特点，一般结合步法移动攻击。

1. 右摆拳

口令：右摆拳，1、2……

动作要领：在格斗势的基础上，右脚蹬地身体左转，右膝内扣，充分借助扭腰转体的力量；右拳提肘前伸，而后横向击打，拳心微向外翻，以拳峰食指、中指关节击打目标；肩、肘、手腕略成水平，肘稍高于拳和肩部；肘关节大于90度，左拳回收防护下颌，目视攻击方向（图5-31）；击打过身体中线后沉肘收拳，恢复格斗势。

图5-31　右摆拳

2. 左摆拳

口令：左摆拳，1、2……

动作要领：在格斗势的基础上，身体重心微向左压，髋部微向左转，而后左脚快速蹬地使身体右转，充分借助扭腰转体的力量；左拳提肘前伸，而后横向击打，拳心微向外翻，以拳峰食指、中指关节击打目标；肩、肘、手腕略成水平，肘稍高于拳和肩部；肘关节大于90度，右拳防护下颌，目视攻击方向（图5-32）；击打过身体中线后沉肘收拳，恢复格斗势。

图 5-32　左摆拳

动作要点：

①身体重心稳固，击打发力点在身体正前方。

②拳击打着力点在食指、中指关节处。

③摆拳击打要借助转体的力量，转体与出拳要协调。

动作要领可归纳为：蹬地扣膝腰必转，送肩出拳横向击。

易犯毛病及纠正方法如下。

①击打和转体不能有效结合，击打力度小。

纠正方法：训练时强调整体发力，以腰带动肩、肘、腕横向击打。

②肘关节过于放松，击打力点分散。

纠正方法：击打时强调肘关节角度固定，着力点部位准确。

③摆拳击打幅度过大，造成身体暴露面过大。

纠正方法：两人一组，配手持拳靶位于操练者正前方，操练者摆拳击打拳靶后迅速回收，幅度不要过大。

（三）勾拳

勾拳是近身攻击拳法，主要击打对手的腹部、肋部和下颌。勾拳具有力量大、速度快、不易防守的特点。

1. 右勾拳

口令：右勾拳，1、2……

动作要领：在格斗势的基础上，身体微向右转，双膝微屈，右大臂轻贴肋部，而后右脚蹬地身体左转，右膝内扣，充分借助扭腰转体的力量；右拳猛力向左上勾击，肘关节角度约为90度，拳心向内，着力点在拳面；左拳回收防护下颌，目视攻击方向（图5-33）；拳击打到与下颌同高后收回，恢复格斗势。

图 5-33　右勾拳

2. 左勾拳

口令：左勾拳，1、2……

动作要领：在格斗势的基础上，身体重心微向左压，髋部微向左转，左大臂轻贴肋部，而后左脚蹬地身体右转，左膝内扣，充分借助扭腰转体的力量；左拳猛力向右上勾击，肘关节角度约为90度，拳心向内，着力点在拳面；右拳防护下颌，目视攻击方向（图5-34）；拳击打到与下颌同高后收回，恢复格斗势。

图 5-34　左勾拳

动作要点：

①勾拳攻击路线要和转体发力方向基本保持一致。

②击打时肩关节要灵活，发力短促有力。

动作要领可归纳为：蹬地扣膝腰必转，送肩出拳斜上击。

易犯毛病及纠正方法如下。

①引拳过大，击打时向前挺腹。

纠正方法：可采用两人一组互相纠正的方法进行训练，强调肘自然下沉，轻贴肋部，肘部不得向后超过身体；击打时含胸收腹，身体平行转动。

②勾拳击打时没有整体发力，形成"摇臂""捞拳"现象。

纠正方法：可采用两人一组击打靶具的方法体会发力过程，击打时应强调目标为前上方，肘关节角度固定。

二、腿法

腿法在格斗中实用性很强，具有攻击力量大、距离远、不易防守的特点。俗话说："手是两扇门，全凭脚打人。"腿法对身体的协调性、柔韧性、平衡能力等要求较高，需不断练习方能熟练运用。

（一）弹踢腿

弹踢腿主要攻击对手的裆部和下颌，在练习时应注重弹踢腿的速度和准确度。

1. 右弹踢腿

口令：右弹踢，1、2……

动作要领：在格斗势的基础上，右腿迅速屈膝前顶，左脚拧转，待膝关节运行至与大腿同高时（图5-35），借助屈膝前顶的力量，右小腿迅速向前上方踢击；脚尖绷直，着力点在脚背或胫骨末端；左手防护下颌，右手防护于体前，保持身体平衡（图5-36），右腿踢直后迅速屈膝回收，右脚向后落步，恢复成格斗势。

图 5-35　右弹踢腿（一）　　图 5-36　右弹踢腿（二）

2. 左弹踢腿

口令：左弹踢，1、2……

动作要领：在格斗势的基础上，右脚在左脚内侧垫步，左腿迅速屈膝前顶，待膝关节运行至与大腿同高后（图 5-37），借助屈膝前顶的力量，左小腿迅速向前上方踢击；脚背绷直，着力点在脚背或胫骨末端；右手防护下颌，左手防护于体前，保持身体平衡（图 5-38）；左腿踢直后迅速屈膝回收，而后落步成格斗势。

图 5-37　左弹踢腿（一）　图 5-38　左弹踢腿（二）

动作要点：

①膝关节上抬到位后小腿再向前踢击。

②攻击目标在前方，不可过分追求向上；踢击时髋关节要适度前送，踢击完成后收回。

③发力顺畅，击打过程不要有停顿，攻击完成后要先收腿，再落步。

动作要领可归纳为：移动重心快提膝，转腰挺髋纵向踢。

易犯毛病及纠正方法如下。

①屈膝上抬不到位,大小腿折叠不紧,形成"撩腿"。

纠正方法:进行分解练习,强调大腿抬平后方可进行踢击,踢击时大小腿要充分折叠。

②踢击未充分挺髋,击打距离过近。

纠正方法:配手持脚靶位于操练者前方,两人距离以操练者必须挺髋才能踢到靶具为标准,并强调脚跟向内转动。

(二)横踢腿

横踢腿是一种弧线攻击腿法,主要击打对手的膝关节、肋部或头部,俗称"鞭腿"。在训练时可按照由低到高的顺序进行练习。

1. 右横踢腿

口令:右横踢,1、2……

动作要领:在格斗势的基础上,身体左转,右腿迅速屈膝前顶,同时左脚跟向内转动,使右小腿略成水平(图5-39);借助屈膝前顶、转体扣膝之合力,右小腿向左侧横向踢击,脚背绷紧,着力点在脚背至胫骨末端;左手防护下颌,右手防护于体前,保持身体平衡(图5-40);目视攻击方向,完成踢击后右小腿收回(图5-41),向后落步,恢复成格斗势。

图5-39 右横踢腿(一)　图5-40 右横踢腿(二)　图5-41 右横踢腿(三)

2. 左横踢腿

口令:左横踢,1、2……

动作要领:在格斗势的基础上,右脚在左脚内侧垫步,身体右转;左腿迅速屈膝前顶,同时右脚跟向内转动,使左小腿略成水平(图5-42),借助屈膝前顶、转体扣膝之合力;左小腿向右侧横向踢击,脚背绷紧,着力点在脚背或胫骨末端；右手防护下颌，左手防护于体前，保持身体平衡（图 5-43），目视攻击方向，左腿踢直后迅速屈膝回收（图 5-44），而后落步成格斗势。

图 5-42　左横踢腿（一）　　图 5-43　左横踢腿（二）　　图 5-44　左横踢腿（三）

动作要点：
①顶膝到位后髋关节迅速内扣，支撑脚要配合转动。
②踢击要借助转腰、挺髋、扣膝的力量，快打、快收，着力点要准确。
③攻击路线为横向，攻击完成后要先收腿，再落步。
动作要领可归纳为：移动重心快提膝，转髋扣膝横向踢。
易犯毛病及纠正方法如下。
①击打时转髋扣膝不到位，攻击路线不准确。
纠正方法：可进行分解动作练习，强调小腿要横向踢击，支撑脚要拧转。
②踢击动作不连贯，发力过程脱节，力度不够。
纠正方法：可采用分步训练法，先进行慢动作连贯练习，而后再加快速度，反复练习；训练时强调大腿上抬到位后，踢击动作一气呵成，不可二次发力。

（三）正蹬腿

正蹬腿是直线攻击腿法，主要攻击对手的胸、腹部。正蹬腿力量大，可攻可防，便于掌握，是一种非常实用的腿法。

1. 右正蹬腿

口令：右正蹬，1、2……
动作要领：在格斗势的基础上，身体左转，左脚跟向内转动，右腿迅速提膝上抬，大小腿收紧置于胸前，而后展髋送膝，右腿猛力向前蹬出，脚尖回勾，着力点在脚掌（图 5-45）；左手防护下颌，右手防护于体前，保持身体平衡（图 5-46）；目视攻击方向，右腿蹬直后迅速收回，右脚向后落步，恢复成格斗势。

图 5-45　右正蹬腿（一）　　图 5-46　右正蹬腿（二）

2. 左正蹬腿

口令：左正蹬，1、2……

动作要领：在格斗势的基础上，右脚在左脚内侧垫步，右脚跟向内转动，左腿迅速提膝上抬，大小腿收紧置于胸前，而后展髋送膝，（图 5-47）；左腿猛力向前蹬出，脚尖回勾，着力点在脚掌，右手防护下颌，左手防护于体前，保持身体平衡（图 5-48）；目视攻击方向，左腿蹬直后迅速收回，而后落步恢复成格斗势。

图 5-47　左正蹬腿（一）　　图 5-48　左正蹬腿（二）

动作要点：

①提膝要快，大小腿折叠要紧。

②蹬腿时大腿带动小腿，要适度送髋，增加攻击距离和力度。

③攻击路线要向前，不要过分向上或向下，攻击完成后要先收腿，再落步。

动作要领可归纳为：移动重心快提膝，挺髋送膝朝前蹬。

易犯毛病及纠正方法如下。

①提膝不到位，攻击路线不准确，造成"下踩"现象。

纠正方法：强调提膝要到位，攻击时要求展髋送膝，猛蹬快收。

②击中目标后没有迅速收腿，"掉腿"现象明显。

纠正方法：强调攻击路线正直向前，击中目标后快速收回，可采用控腿练习，加强腿部力量。

（四）侧踹腿

侧踹腿是一种直线性攻击腿法，具有攻击距离远、杀伤力大、便于发力等特点，主要攻击对手的躯干部位和头部。

1. 右侧踹腿

口令：右侧踹，1、2……

动作要领：在格斗势的基础上，身体左转，左脚跟向内转动，同时右腿提膝上抬内收，大小腿折叠，小腿外翻略成水平，右脚在身体前方（图5-49）；而后挺髋送膝，右脚猛力向前直线踹出，脚尖回勾，着力点在脚掌；左手防护下颌，右手防护于体前，保持身体平衡（图5-50）；目视攻击方向，完成攻击后右腿迅速收回，右脚向后落步，恢复成格斗势。

动作要领可归纳为：移动重心侧提膝，挺髋送膝猛踹击。

图5-49 右侧踹腿（一）　　图5-50 右侧踹腿（二）

2. 左侧踹腿

口令：左侧踹，1、2……

动作要领：在格斗势的基础上，右脚在左脚内侧垫步，左腿屈膝上抬，大小腿折叠，小腿外翻略成水平，左脚在身体前方；而后挺髋送膝，左脚猛力向前直线踹出，脚尖回勾，着力点在脚掌（图5-51）；右手防护下颌，左手防护于体前，保持身体平衡（图5-52）；目视攻击方向，完成攻击后左腿迅速收回，左脚落步，恢复成格斗势。

图 5-51　左侧踹腿（一）　　图 5-52　左侧踹腿（二）

动作要点：
①提膝时大腿向胸前内收，大小腿折叠紧，脚要指向攻击方向。
②踹腿时脚要直线向前攻击，支撑腿、攻击腿与身体基本在同一平面上。
③攻击完成后要先收腿，再落步。

易犯毛病及纠正方法如下。
①踹腿时未充分展髋，身体不在一条直线上，造成发力不顺畅。
纠正方法：可采用控腿的方法体会髋关节展开的要领，还可采用先向下踹，而后逐渐增加攻击角度的方法。
②提膝收腿时，脚掌未指向攻击方向，攻击路线不准确。
纠正方法：可做抬腿练习，大腿上抬，小腿外翻，使脚掌朝向攻击方向，踹腿时强调支撑脚脚跟指向目标，直线攻击。

三、肘法

肘法是格斗中一种常用的技法，具有攻击速度快、力量大、不易防守等特点。主要攻击对手头部和颈部。

（一）右横击肘

口令：右横击肘，1、2……

动作要领：在格斗势的基础上，身体左转同时右大臂上抬，略高于肩，大小臂折叠，借助扭腰转体的力量，左拳护领，右手松开自然内收；右肘取捷径猛力向左横击，着力点在肘尖前侧（图 5-53）；击打过身体中线后，右臂收回恢复格斗势。

图 5-53 右横击肘

（二）左横击肘

口令：左横击肘，1、2……

动作要领：在格斗势的基础上，身体右转同时左大臂上抬，略高于肩，大小臂折叠，借助扭腰转体的力量，右拳护颌，左手松开内收，左肘取捷径猛力向右横击，着力点在肘尖前侧（图5-54）。击打过身体中线后，左臂收回恢复格斗势。

图 5-54 左横击肘

动作要点：
①肘击时要借助扭腰转体的力量。
②攻击路线保持水平横击，肘关节不要向上翻转。
③转体挥肘猛，发力短促。
易犯毛病及纠正方法如下。
转体挥肘不迅猛。
纠正方法：反复由慢到快练习转体挥肘动作。

四、膝法

膝法是一种近身攻击的技法,主要攻击对手的裆部、腹部和下拉敌发撞击头部。膝法主要以冲膝为主。

口令:右冲膝,1、2……

动作要领:在格斗势的基础上,左脚跟向内转动,双手下拉后带的同时,右腿迅速提膝前顶;髋关节前挺,大小腿折叠,右脚背绷直脚尖下压,着力点在膝盖上方(图5-55),目视攻击方向;攻击完成后髋关节收回,右脚向后落步,恢复格斗势。

图 5-55 右冲膝

左冲膝在反格斗势的基础上完成。

动作要点:

①冲膝时要向前上方发力,不要过分向上。

②大小腿折叠要紧,攻击时膝盖在最前方。

③回收上冲协调迅猛,重心稳。

易犯毛病及纠正方法如下。

挺髋不充分,攻击距离短,力度不够。

纠正方法:攻击时强调左脚向内转动,提膝挺髋,可配合靶具进行冲膝练习。

第四节　防守动作

防守技术是在格斗中运用各种方法化解掉对手的攻击,并迅速实施反击的技术和方法。增强防守能力是提高自我保护,有效反击对手的基本保证。防守的重点部位是面部、下颌、腹部、裆部,这些部位受到重击将会严重削弱战斗力。防守动作可分为接触性防守和非接触性防守两类。

一、接触性防守

接触性防守是通过肢体拦截、阻挡敌人攻击动作的技法。接触性防守的方法有拍击、格挡和抄抱等。

(一)拍击

拍击是指利用手掌拍打敌人攻击的动作,使自身不受伤害或少受伤害的防守技法,主要用于防敌上体直线攻击的拳或腿。

口令:左(右)拍击,1、2……

动作要领:在格斗势的基础上,敌出右(左)直拳攻击我面部,我上体稍向右(左)转的同时,左(右)手成掌向右(左)前侧拍击敌拳轮或腕关节外侧,两眼目视拍击方向(图5-56、图5-57)。

图5-56 右拍击　　　图5-57 左拍击

动作要点:
①拍击迅速,支撑稳,上体防守到位。
②转体、拍击协调,发力短促。

易犯毛病:力量不够,达不到防守效果。

纠正方法:强调利用转体带动手臂,手臂带动手腕的力量进行防守,要用腕力,且幅度不宜过大。

(二)格挡

格挡是指利用手臂阻挡敌人的攻击,使自身不受伤害或少受伤害的防守技法，主要用于防备敌人横向或斜线的攻击。

口令：左（右）上格挡，左（右）下格挡，1、2……

动作要领：在格斗势的基础上，左格挡时，左臂上提前迎，以左小臂外侧进行格挡，右拳护颌（图5-57）；右格挡时，上体稍向左转，同时右臂上提前迎，以右小臂外侧进行格挡，左拳护颌（图5-58）；向下格挡时，上体稍向左（右）转，同时左（右）臂屈肘外翻，以小臂外侧向外下格挡，右（左）拳置于下颌处（图5-59、图5-60），两眼目视格挡方向。

图5-57　左上格挡　　　图5-58　右上格挡

图5-59　左下格挡　　　图5-60　右下格挡

动作要点：格挡及时、准确、迅速，手臂触敌时肌肉绷紧。

易犯毛病及纠正方法如下。

①格挡无力，部位不准确。

纠正方法：采用靶具模拟攻击的方式反复练习。

②防守距离过大。

纠正方法：强调防守距离约20厘米。

（三）抄抱

抄抱主要用于接抱防守敌人持匕首直刺、下刺或横踢、正蹬等攻击方式。

1. 左抄抱

口令：左抄抱，1、2……

动作要领：在格斗势的基础上，敌出左横踢腿攻击我胸、腹部时，我身体微向右转，左手下伸至腹前约 30 厘米处，掌心向上五指并拢稍内扣，右手成掌上抬置于体前，掌心向外；抄抱时，左手向上兜抄敌脚踝或小腿，右手向下挟抱，两臂合力抱紧，同时身体内收，缓解敌攻击力量（图 5-61）。

2. 右抄抱

口令：右抄抱，1、2……

动作要领：在格斗势的基础上，敌出右横踢腿击打我胸、腹部，我身体微向左转，右手下伸至腹前约 30 厘米处，掌心向上五指并拢稍内扣，左手成掌上抬防护于体前，掌心向外；抄抱时，右手向上兜抄敌脚踝或小腿，左手向下挟抱，两臂合力抱紧，同时身体内收，缓解敌攻击力量（图 5-62）。

图 5-61　左抄抱　　　图 5-62　右抄抱

动作要点：

①抄抱时主动近身，转体卸力要及时。

②兜抄或挟抱要快、准。

易犯毛病及纠正方法如下。

卸力不及时，受敌攻击力量大。

纠正方法：抄抱时转体卸力，挡防、兜抄、挟抱要同时，可两人配合练习。

（四）接触性防守总体要求

①动作防护面要大，要立足于防一片，不要防一点。

②动作幅度要小，利于防守反击。

③与敌攻击肢体接触的瞬间，肌肉要绷紧，以增强抗击能力。

二、非接触性防守

非接触性防守是指不与敌攻击的肢体接触，而通过身体姿势的变化和步法的移动躲闪敌攻击的技法。

（一）非接触性防守技术

1. 左闪身

敌直线向我攻击，我左脚向左前上步同时，上体左倾，微向左转，躲开对方攻击（图5-63）。

2. 右闪身

敌直线向我攻击，我右脚向右滑步，同时上体右倾，躲开对方攻击（图5-64）。

图 5-63　左闪身　　　　　图 5-64　右闪身

3. 后闪身

敌直线向我攻击，我下肢保持姿势不变，上体快速后仰，躲开对手的攻击后，迅速恢复格斗姿势（图5-65）。

4. 下潜躲闪

敌直拳或摆拳向我攻击，我左脚向左前上步同时，迅速屈膝下蹲，下颌内收，身体微向前倾，目视对手（图5-66）。

图 5-65　后闪身　　　图 5-66　下潜躲闪

（二）非接触性防守总体要求

总体要求。
①时机恰当，移位准确。躲闪过早，敌则转移进攻，躲闪晚则被击中。
②躲闪时两拳护颌，身体要上下协调。
③躲闪的距离不要过大，以刚能避开攻击锋芒，又能迅速进行反击的距离为宜。

易犯毛病及纠正方法。
①转髋、转腰、转肩不协调，动作僵硬。
纠正方法：反复进行动作体会练习。
②躲闪幅度过大，造成重心不稳。
纠正方法：两人一组，进行攻防练习，配手随时指出操练者存在的问题。
③躲闪时机不准确。
纠正方法：两人一组，配手戴拳套随机向操练者发起攻击，锻炼其反应能力，动作由慢到快反复体会练习。

三、防守反击组合

防守反击组合是将常用的防守技术与反击相结合进行练习的技巧，以提高身体的协调性和防守反击的能力。

（一）格挡直拳

可在敌斜线或横向攻击我头部时采用。
口令：格挡直拳，1、2……
动作要领：在格斗势的基础上，左脚向左前上步，左小臂向前外格挡，同时右直拳向前击打（图 5-67），而后恢复格斗势；右脚向右前上步，右小臂向右前外格挡，同时左直拳向前击打（图 5-68），而后恢复格斗势；两手依次交替练习。

图 5-67　左格挡直拳　　　图 5-68　右格挡直拳

动作要点：
①格挡时要控制幅度，取捷径不要过大，格挡有力。
②反击要及时，在格挡同时要出拳击打。
易犯毛病及纠正方法如下。
①格挡动作不到位，格挡幅度过大或过小。
纠正方法：结合上步反复体会练习左、右格挡，格挡要有定位。
②格挡与直拳连贯性不强，有明显停顿。
纠正方法：格挡时不要发力过猛，以免影响出拳动作。
③直拳反击时不转腰，击打力量小。
纠正方法：格挡时不应转腰过大，直拳击打时蹬地转腰，反复体会练习。

（二）拍压直拳

在敌持匕首直刺我胸腹部时可采用此方法。
口令：拍压直拳，1、2……
动作要领：在格斗势的基础上，左脚向左前上步，身体微右转，左手向右下拍击下压，同时右手直拳向前攻击（图 5-69），而后恢复格斗势。
动作要点：拍压防守要到位，直拳击打要迅速。

第五章　擒敌术基础

图 5-69　拍压直拳

易犯毛病及纠正方法如下。

①防守时直接向下拍压，方向不正确。

纠正方法：防守时应结合上步转体，向右下方拍压。

②上步时身体没有躲闪动作。

纠正方法：上步时向左前上步，结合右转拍压完成左闪身动作。

③动作不连贯，反击不及时。

纠正方法：完成闪身拍压动作后，借助右脚掌蹬地与身体左转的力量，右直拳迅速反击，反复体会练习增加击打力量。

（三）格挡勾击

可在敌斜线或横向攻击我头部时采用。

口令：格挡勾击，1、2……

动作要领：在格斗势的基础上，左脚向左前上步，左小臂向前外格挡，同时右勾拳向前击打（图5-70），而后恢复格斗势；右脚向右前上步，右小臂向前外格挡，同时左勾拳向前击打（图5-71），而后恢复格斗势；两手依次交替练习。

图 5-70　左格挡勾击　　图 5-71　右格挡勾击

动作要点：

①格挡时取捷径，要控制幅度，不要过大，格挡有力。

②格挡同时要上步，勾拳连接迅速。

易犯毛病及纠正方法如下。

①格挡动作不到位，格挡幅度过大或过小。

纠正方法：格挡时不要用力过猛，应适当控制力度，反复体会格挡位置。

②格挡与勾拳连贯性不强，有明显停顿。

纠正方法：勾拳反击应在格挡到位的瞬间借助蹬地转体的力量出拳，由慢到快反复体会练习。

（四）横拨直拳

在敌以蹬腿或踹腿直线攻击我上体时可采用此方法。

口令：横拨直拳，1、2……

动作要领：在格斗势的基础上，左脚向左前上步躲闪，同时左小臂由外向内横向拨挡敌小腿（图5-72），右手立拳（或直拳）击打敌头部（图5-73），而后恢复格斗势。

图 5-72　横拨直拳（一）　　图 5-73　横拨直拳（二）

动作要点：

①躲闪要及时，距离要适当，内拨时要用左小臂，不要用手。

②右拳反击要迅速。

易犯毛病及纠正方法如下。

①躲闪不及时、幅度小。

纠正方法：右脚掌蹬地发力，左脚向左前快速上步。

②横拨力度不够，格挡部位不准确。

纠正方法：向内横拨时要借助向右转体的力量，格挡部位为小臂。

③直拳反击不连贯，动作脱节。

纠正方法：躲闪横拨动作幅度不宜过大，直拳反击时要向左转腰，直拳击打要到位，反复体会练习。

四、组训方法

根据擒敌术训练内容的特点，擒敌术组训方法可分为对抗观摩分析、虚设对手练习、条件对抗训练、模拟实战对抗训练四种。

（一）对抗观摩分析

对抗观摩分析主要分析对抗者双方战术运用的成功与不足之处，使受训者从直观上了解和把握训练的特点，启发诱导受训者发现问题，总结经验。除了观摩对抗训练外，该训练方法还可采用观摩比赛或观看录像片等方式组织实施。无论采取什么形式，教练员都应时刻做到边观摩边讲解边分析。

（二）虚设对手练习

虚设对手练习是受训者假设面对敌手进行的1人空击、防守训练。组织虚设对手练习时，一是要时刻做到心中有人、心中有目标；二是所做动作要切实，不可华而不实。

（三）条件对抗训练

条件对抗训练主要是指教练员在训练时规定只用一种防守手段组织受训者进行的对抗训练，目的是加强训练受训者对单一动作的掌握。

（四）模拟实战对抗训练

模拟实战对抗训练是融技术、战术、身体素质于一体的组训方法。组织模拟实战对抗训练时，应注意三点：一是训练前要检查护具佩戴情况；二是开始前要明确禁止击打部位；三是评判时要眼明手快。

第六章　战场医疗救护

第一节　个人卫生常识

个人卫生是集体卫生的基础。讲究个人卫生可以防止疾病传播、提高个人健康水平，为圆满完成战备训练等各项任务，适应未来复杂、艰苦的战争环境，士兵要养成良好的卫生习惯。

（一）个人卫生的要求

大学生是国家的栋梁和未来，应该有健康的体魄，应做到饭前便后洗手，不吃喝不干净的食物、水，不暴饮食、勤洗手、勤理发、勤剪指甲、勤洗晒衣服和被褥，不随地吐痰等，保持室内和公共场所的清洁卫生、提倡戒烟。

（二）个人卫生的内容

1. 皮肤的卫生

皮肤是人体的最大器官之一，直接与外界接触，许多物理、化学和生物性的因素都可能给皮肤造成不同程度的损害。大学生要完成各类学习、训练和实践任务，皮肤会大量出汗，因此要经常洗澡，提倡沐浴和冷水擦浴，保持皮肤清洁，讲究卫生。

2. 头发的卫生

头发过长，既不卫生又不利于战场行动，并且受伤后容易导致伤口感染。因此要保持头发整洁，经常梳理，定期理发，不蓄胡子，梳子和刮胡刀不与他人共用。

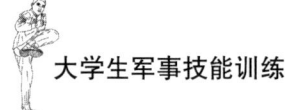

3. 手和脚的卫生

养成饭前便后洗手的习惯，经常修剪指甲，保持干净，不要用牙咬指甲，保持脚的清洁和干燥，每天洗脚换袜子，穿大小合适的鞋子。

4. 口腔和脸部的卫生

每天早晚刷牙、漱口，保持口腔卫生，特别强调晚间睡前刷牙，不与他人共同洗漱用具。要勤洗脸，保持脸部卫生，洗脸时不要把肥皂涂满脸然后用毛巾搓，这样对面部皮肤有害。冬天提倡用冷水洗脸，干毛巾擦脸，以提高御寒能力。

5. 眼、耳、鼻的卫生

擦眼、耳、鼻时要用干净的手帕，不要用手抠鼻子。清洁外耳道时不要用树枝和火柴等尖硬物，避免长时间接触高分贝噪音，经常按摩耳朵。不在强烈的或者太暗的光线下看书、写字，不躺着看书，走路时不看书，执行任务遇有风沙时可戴风镜。

6. 饮食的卫生

搞好饮食卫生是防止病从口入的关键，饭前要洗手。不喝生水、不吃变质食物，各类瓜果要洗净后再食用。不要暴饮暴食，要保持食量基本平衡，减少胃肠负担。积极预防各种消化疾病和传染疾病发生，搞好饮水消毒，需要饮用地表水、江水、河水、溪水等水时，须进行净化处理后再饮用。

7. 衣服和卧具的清洁

衣服和卧具要勤换洗，若不能换洗则应定期打开抖一抖，并在阳光下暴晒数小时。

第二节　战场自救互救

一、通气

通气的目的是使伤员气道保持通畅，防止伤员因气道阻塞后窒息缺氧死亡。常见的通气术有：清除呼吸道异物、解除舌后坠、胸外心脏按压、口对口人工呼吸、环甲膜穿刺或切开等。

1. 口对口人工呼吸

抢救重伤员时应首先查明他是否有呼吸,可通过观察胸部是否有起伏或将棉絮贴于鼻孔看是否有摆动进行判断,如呼吸已停止,必须迅速采取口对口方式进行人工呼吸。具体方法是:先使伤员仰卧,清理其口中堵塞物,以保持呼吸道通畅,然后托起伤员下颌,使头部后仰,将口腔打开;用一手捏住伤员鼻孔,另一手放在颈下并上托;深吸一口气,对准伤员口用力吹入,然后迅速抬头并同时松开双手;听有无回气声响,如有则表示呼吸道通畅。如此反复进行,每分钟16～20次。如心跳停止,口对口人工呼吸应与心脏按压同时进行,每按压心脏4～5次后吹气一口,吹气应在放松按压的间歇中进行(图6-1)。

图6-1 口对口人工呼吸法

注意事项:

①尽快将伤员移到通风较好的环境,解开衣领腰带等,以减少外界对胸腹活动的束缚。

②每次吹气量要足,使胸廓抬起呼气时听到或感到气流,则表示换气充足。

③进气时速率要缓慢,两次进气之间要使气体彻底呼出。

④遇到牙关紧闭或口腔严重损伤者,可行口对鼻吹气,操作方法同口对口。

⑤人工呼吸速率为成人以12～16次/分钟为宜,并注意节奏均匀。

⑥要有耐心,不要轻易放弃,在有希望出现生命体征的情况下,应保持2小时,甚至更长时间。

2. 胸外心脏按压

当发现伤员失去知觉时,要立即检查其心脏是否跳动。用手指在喉结两侧接触颈动脉,看有无搏动,如无搏动应紧急采取胸外心脏按压法抢救。具体方法是:先使伤员仰卧在地上或硬板床上,找准按压部位(图6-2),将左手掌根放在伤员胸骨下1/3处,右手掌压在左手背上,然后用力向下,使胸骨下陷3～4厘米,再放开。如此反复进行,每分钟60～80次。进行胸外按压的同时,必须进行口对口人工呼吸（图6-3）。

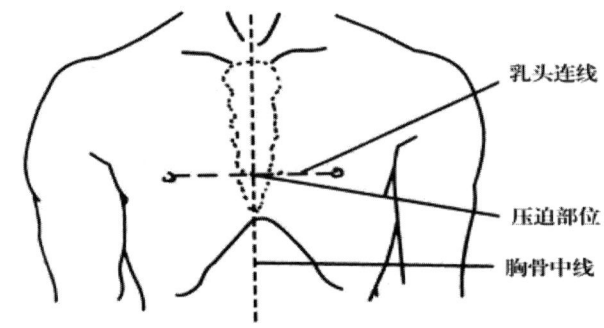

图 6-2　胸外按压部位及方法

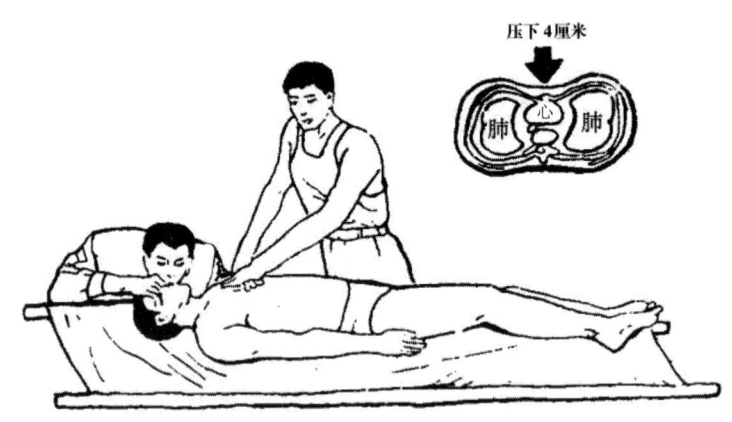

图 6-3　胸外按压和人工呼吸

如急救时只有一人，可先向伤员口中呼四大口气，然后每按压15次，迅速吹气两大口，如此反复进行。

注意事项：

①按压的位置要正确，偏低易引起肝破裂，偏高影响效果，偏向两侧易致肋骨骨折、气胸、心包积血等。

②按压用力要适宜，以能使股动脉搏动或瞳孔不散大为准。

③在实施本操作的同时，应行人工呼吸。

二、止血

止血是有救护制止受伤部位大出血的一种方法，止血是一种医疗技术，有许多简便的方法,而用起来却十分奏效。止血的方法要有加压包扎止血法、指压止血法、止血带止血法、屈肢加压止血法、止血粉止血法和血钳止血法六种。常用的有指压止血法、止血带止血法,屈肢加压止血法。

1. 出血种类

判定出血种类是正确实施止血的首要工作,其是根据出血的特征加以判断的。如果是动脉出血,则颜色鲜红,呈喷射状,有搏动,出血速度快且量多;如果是静脉出血,则颜色暗红,呈涌出状或徐徐外流,出血量较多,速度不如动脉出血快;如果是毛细血管出血,则血色鲜红,从伤口向外渗出,出血点不容易判明。处理原则是:有效止血,保护创面和防止感染。

2. 止血方法

(1)加压包扎止血法

加压包扎止血法是在伤病急性期中减少组织出血的有效方法。静脉、毛细血管或小动脉出血时,先将敷料盖在伤口上,然后用三角巾或绷带用力包扎。

(2)指压止血法

较大的动脉出血,要临时用手指或手掌压迫伤口近心端的动脉,将动脉压向深部的骨头上,阻断血液流通,可达到临时止血的目的(图6-4)。

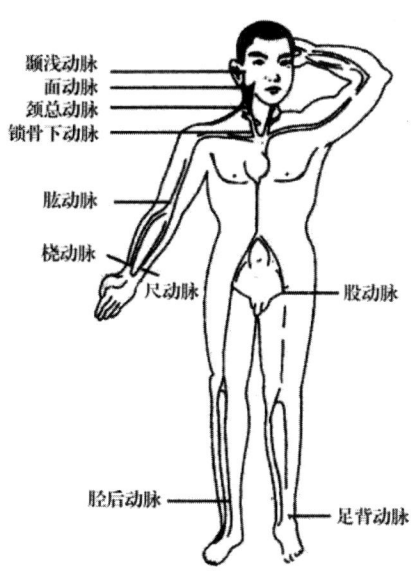

图6-4 止血压迫点

①头顶部出血:一侧头顶部出血,可用食指或拇指压迫同侧耳前方搏动点

（图 6-5）。

②颜面部出血：一侧颜面部出血，可用食指或拇指压迫同侧下颌骨下缘、下颌角前方约 3 厘米处的凹陷处，压迫此点可止血（图 6-6）。

③头面部出血：一侧头面部大出血，可用拇指或其他四指压迫同侧气管外侧与胸锁乳突肌前缘中点之间，此处可摸到一个强烈的搏动（颈总动脉），将血管压向颈椎止血（图 6-7）。

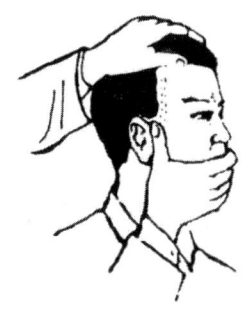
图 6-5　头顶部止血方法

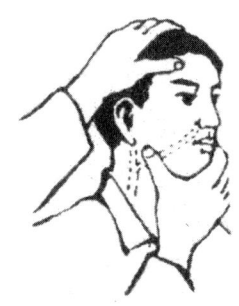
图 6-6　颜面部止血方法

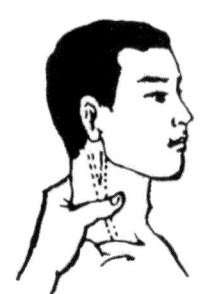
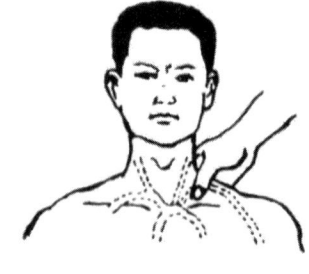

图 6-7　头面部止血方法

④肩腋部出血：可用拇指压迫同侧锁骨上窝中部的搏动点（锁骨下动脉），将动脉压向深处的肋骨止血（图 6-8）。

⑤手部出血：互救时可用两手拇指分别压迫手腕横纹稍上处内外侧搏动点（尺动脉、桡动脉）止血（图 6-9）；自救时用拇指、食指分别压迫上述两点。

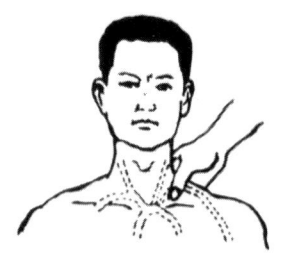
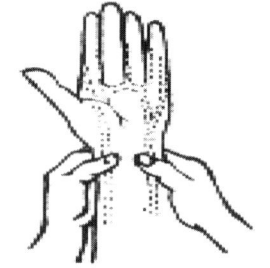

图 6-8　肩腋部止血方法　　图 6-9　手部出血止血法

⑥前臂出血：可用拇指或其他四指压迫上臂内侧肱二头肌与肱骨之间的搏动点（肱动脉）止血（图 6-10）。

⑦大腿以下出血：大腿及其以下动脉出血，自救时可用双手拇指重叠用力压迫大腿上端腹股沟中点稍下方的强大搏动点（股动脉）止血；互救时，可用手掌（双掌重叠）压迫止血（图 6-11）。

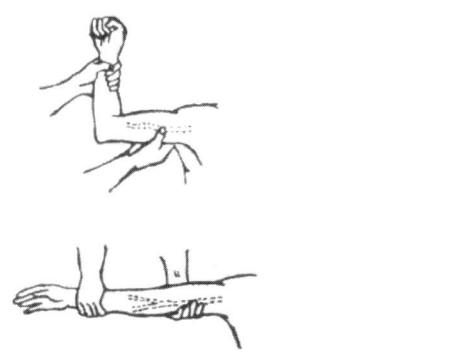
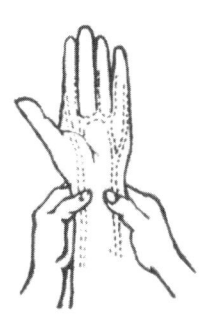

图 6-10　前臂出血止血法

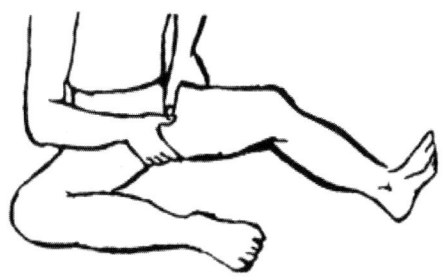
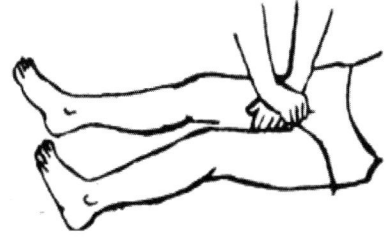

图 6-11　腿部出血止血法

⑧足部出血：可用两手食指或拇指分别压迫足背中部近脚腕处（胫前动脉）

和足跟内侧与内踝之间（胫后动脉）止血（图6-12）。

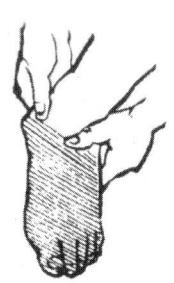
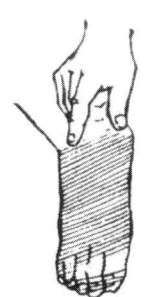

图6-12 足部出血止血法

（3）止血带止血法

止血带是一种制止肢体出血的急救用品。常用的止血带是约1米长的橡皮管。当出血严重，压迫止血方法效果不佳时，则可采用止血带结扎止血法。方法要诀是：橡皮带左手拿，后头五寸要留下，右手拉紧环体扎，前头交左手，中食二指夹，顺着肢体向下拉，前头环中插，保证不松垮（图6-13）。

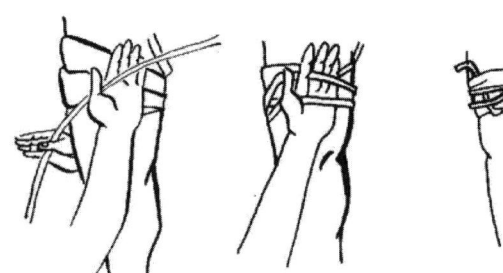

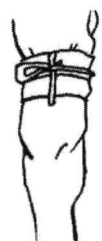

图6-13 止血带止血法

使用止血带时要注意：止血带与皮肤之间要加垫（敷料、衣服等），不能直接扎在皮肤上，并特别注意结扎的松紧度应以刚好阻断动脉血流（不出血）为宜。扎止血带的伤员必须做标记，一般上肢每20～30分钟必须缓慢解除止血带约5分钟；下肢每45～60分钟必须解除止血带约5分钟，使伤肢间断恢复血液循环一次，并随时观察结扎止血后肢体远端的状况。防止因结扎过紧或止血时间过长，引发神经损伤或远端肢体缺血性坏死。当伤口不再继续出血，创面（口）血液已凝固时，可缓慢松弛压脉带，密切观察有无继续出血现象。如不再出血，可改用三角巾压迫包扎伤口。

注意事项：

①止血带应放在伤口的近心端，上臂和大腿都应绑在上 1/3 处，上臂的中 1/3 处不可上止血带，以免压伤神经引起上肢麻痹。

②止血带必须垫用纱布、敷料等布料保护皮肤，不能直接绑在皮肤上。

③松紧适度，以摸不到远端搏动和使出血停止为度。过紧易伤到神经，过松则会使动脉血回流造成肢体肿胀坏死。

④血带每隔 1～2 小时松一次，每次松 2～3 分钟（其间用指压法代替），冷天半小时松一次，松开要慢，必要时适当更换扎止血带的位置。

⑤注明标志（上止血带时间和部位），止血的肢体应妥善固定，注意保暖；应严格掌握上止血带的指征，能用其他方法临时止血的，就不轻易用止血带（如用加压包扎等）。

三、包扎

包扎在战救中应用非常广泛，有止血、保护伤口、防止感染、扶托伤肢以及固定敷料、夹板和减轻伤员的痛苦等作用。常用的有手足部外伤包扎法、头面部包扎法、胸部包扎法、臀部包扎法。

（一）头面部伤的包扎

1. 风帽式包扎法

在三角巾顶角和底边中部各打一结，形成风帽，顶角结放在额前，底边结放于枕后，包住全头，两底角向下拉紧，底边向外反折成带状包绕下颌，拉到枕后打结固定（图 6-14）。

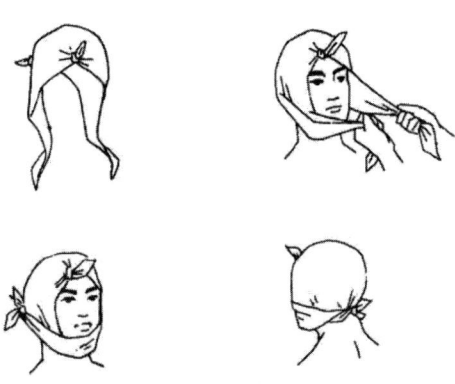

图 6-14 三角巾头部包扎法

2. 下颌包扎法

将三角巾由顶角折至底边呈三、四横指宽，取三分之一处放在下颌前方，长端分别经额部与枕部，在另一侧打结（图6-15）。

图6-15　下颌部伤三角巾包扎法

3. 面部包扎法

三角巾顶角打一结兜住下颌，盖住面部，然后拉紧两底角，在枕后交叉，绕至额前打结。包好后，在眼、口、鼻的地方剪洞，露出眼、口、鼻（图6-16）。

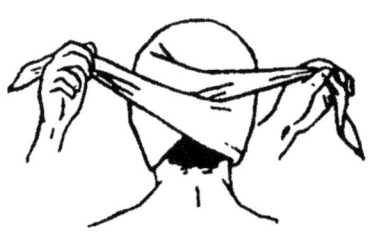

图6-16　三角巾面具式包扎法

（二）四肢伤的包扎

①环形包扎法：适用于包扎手腕和小腿下部粗细均匀的部位（图6-17a）。
②螺旋形包扎法：用于包扎肢体粗细差不多的部位（图6-17b）。
③转折型包扎法：用于包肢体粗细相差较大的部位（图6-17c）。

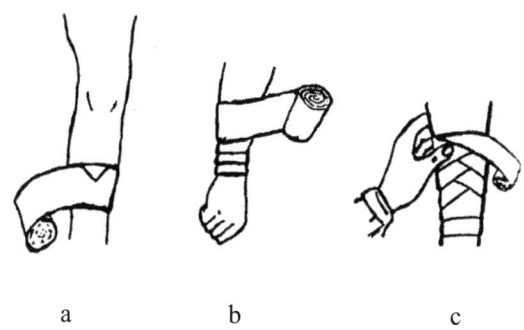

图 6-17 环形、螺旋形、转折形包扎法

④"8"字形包扎法：用于包扎关节部位（图 6-18）。

图 6-18 "8"字形包扎法

⑤三角巾包扎法。

a. 三角巾包扎上肢：将三角巾一底角打结后套在伤侧手上，结之余头留长些备用；另一底角沿手臂后侧拉至对侧肩上，顶角包裹伤肢，前臂曲至胸部，拉紧两底角打结（图 6-19）。

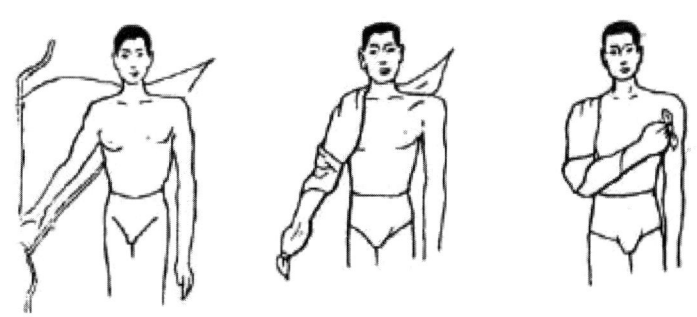

图 6-19 三角巾上肢包扎法

b. 三角巾包扎手（脚）：将手放在三角巾中央，手指指向顶角；拉顶角盖

住手背，两底角左右交叉压住顶角绕手腕打结。包扎脚部与此法相同（图6-20）。

c.三角巾包扎小腿和脚：脚趾朝向三角巾底边，把脚放在近一底角底边的一侧，提起顶角与较长一侧的底角交叉包裹小腿打结，再将脚下底角折到脚背，绕脚腕与底边打结（图6-21）。

d.三角巾包扎肘、膝：将三角巾折成适当宽度的带形，将带的中斜放于伤部，取带两端分别压住上下两边，包绕肢体一周打结（图6-22）。

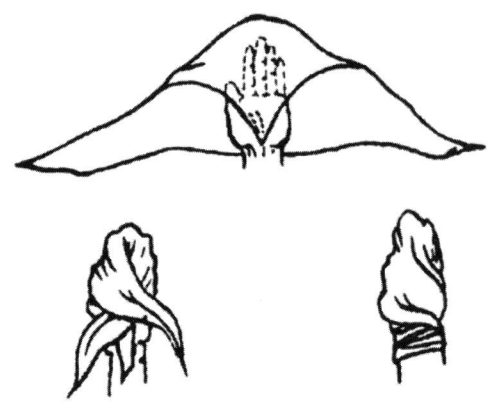

图6-20　三角巾包扎手

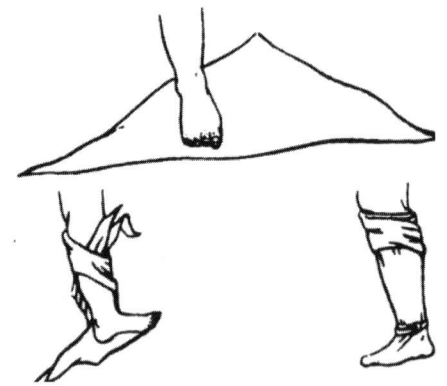

图6-21　三角巾包扎小腿和脚

图 6-22　三角巾包扎肘膝法

（三）胸（背）部伤的包扎

将三角巾的顶角放在伤侧胸部肩上，把左右两底角拉到背后打结，然后和顶角打结（图 6-23）。本方法也适用于背部包扎。

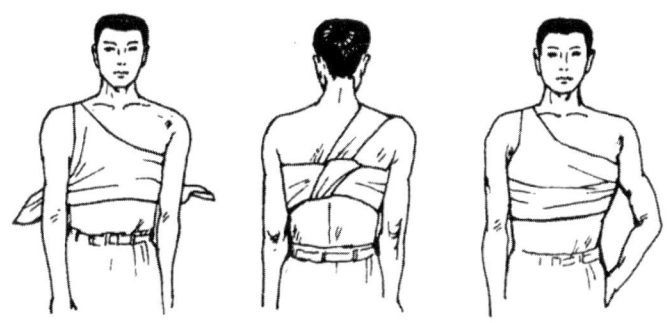

图 6-23　三角巾胸部包扎法

（四）腹部伤的包扎

将三角巾的顶角朝下，放在一侧大腿根稍下方，用一底角包绕大腿与顶角打结，另一底角提起围腰与底边打结。在包扎 5 分钟后，必须检查一次伤部远端肢体或牙床的颜色有无发绀、发麻、发胀的症状。如果不易分辨时，可与对侧健肢进行比较，以便确认有无包扎过紧而出现的肢体远端缺血症状。一般在受伤急性期内，受伤局部均有不同程度的肿胀，伤员自己也应注意观察远端肢体的颜色，如出现皮肤发紫、肢体麻木、疼痛加剧的症状，应立即向医护人员报告，以便及时调整包扎带的松紧度。

注意事项：

①一快，发现、暴露、检查、包扎伤口要快。

②二准，包扎部位要准确。
③三轻，动作要轻，不要压碰伤口，以免增加伤口流血和疼痛。
④四牢，包扎要牢靠、松紧适宜，打结时要避开伤口和不宜压迫的部位。
⑤五细，处理伤口要仔细。

四、固定

固定的目的就是避免加重损伤，减轻伤肢疼痛，便于后送。在野战条件下，为迅速抢救伤员，可充分利用附件的就便器材对伤肢实施固定。常用的有前臂、肱骨、股骨、小腿、锁骨等骨折固定法。

（一）骨折的种类和征象

骨折可分为闭合性、开放性骨折及复杂性骨折。闭合性骨折是指骨折处皮肤完整，骨折端不与外界相通；开放性骨折是指骨折端穿破皮肤，直接与外界相通，这种骨折容易感染发生骨髓炎与败血症；复杂性骨折是指骨折后，骨的断端刺伤了重要的组织、器官，可发生严重的并发症。骨折发生后，除有疼痛、压痛、肿胀及皮下淤血外，还有其特有症状，如阵痛、骨擦音、畸形或假关节活动、功能丧失，还可能引发休克。

（二）骨折的急救处理原则

对有出血和伤口者，应先止血，保护伤口，防止感染；对伴有休克者，应先抗休克，再行固定。固定前不得随意移动伤肢，为暴露伤口可剪开衣服、鞋袜，不能脱。对大腿、小腿和脊柱骨折，应就地固定。露出伤口的骨片，不应放回伤口或去除。

临时固定时，应采用有一定牢固性的夹板，夹板的长度必须超过骨折部的上、下两个关节；夹板与肢体接触处最好有垫衬物，空隙处要填紧，以免产生压迫性损伤；固定时用绷带或布条包缠，固定松紧应合适、牢靠，过紧会压迫神经、血管，使肢体血运不畅；固定后伤肢要保暖。

（三）骨折的临时固定方法

1. 锁骨骨折固定

先在两腋下各放置一块棉垫，将三条三角巾折成宽带，用两条分别绕过伤员肩前面，在前后做结，形成肩环，另一条在背部将两环拉紧打结（图6-24）。

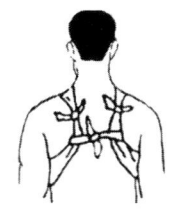

图 6-24　锁骨骨折固定法

2. 肱骨骨折固定

取一合适夹板，放于伤肢外侧，再用两条绷带固定骨折的上、下两端，然后用小悬臂带将前臂吊起，最后用三角巾把伤肢绑在躯干上加以固定（图6-25）。

图 6-25　肱骨、前臂骨折固定法

3. 前臂骨折固定

在伤员前臂的掌背侧各放一块夹板，用三角巾宽带绑扎固定后以大悬臂带悬挂胸前（图 6-25）。

4. 小腿骨折固定

用夹板两块，一块在腿外侧（自大腿中部到脚跟）；另一块在内侧（自腹股沟至脚跟），垫好后用布带分段固定（图 6-26）。

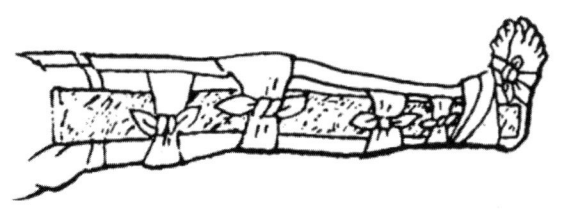

图 6-26　小腿骨折固定法

5. 股骨骨折固定

用长夹板两块,一块在伤肢外侧(自腋下至脚跟);另一块在内侧(自腹股沟至脚跟),并在关节和骨突处加垫,用5～8条三角巾分段固定(图6-27)。

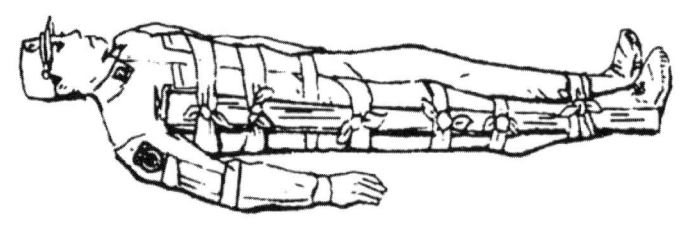

图 6-27　股骨骨折固定法

6. 髌骨骨折固定

伤员半卧位,一人用双手托住伤肢大腿。急救者先缓缓将小腿伸直,在腿后放一夹板,夹板的长度自大腿至脚跟,用3条三角巾宽带,分别于膝上、膝下和踝部固定(图6-28)。

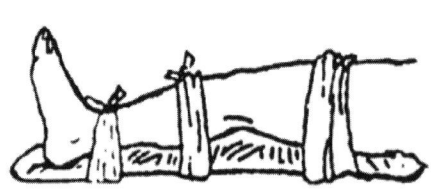 

图 6-28　髌骨、足骨骨折固定法

7. 足骨骨折固定

脱去鞋,在腿后面放一直角形夹板,然后用宽带固定膝下、踝上和足部(图6-28)。

注意事项:

伤口有出血时,应先包扎后再固定。大腿和脊柱骨折时应就地固定。固定要牢固,松紧要适当。夹板与皮肤之间应垫棉花、衣服等。

①就地固定前尽量不搬动伤员或伤肢先止血、包扎后固定;以免增加伤员痛苦和加重伤情。

②夹板与皮肤之间要垫棉花或代用品,尤其是夹板两端和骨突出部位,以

防局部受压坏死。

③固定必须牢固可靠,夹板长度要超过骨折部的上下两个关节,固定时,应按先上端、后下端的顺序,同时压固定骨折部的上、下两个关节。

④固定松紧适宜,以免影响血液循环。固定四肢时应露出指(趾)尖,以便观察血液循环情况。

五、搬运

搬运的目的是迅速安全地将伤员搬至隐蔽地或送到后方救护机构,以防止伤员在战场上再次负伤,并使其能够得到及时救治。

常见搬运的方法有单人搬运法、双人搬运法和担架搬运法三种。单人搬运法适用于轻伤员;双人搬运法适用于头、胸、腹部的重伤员;担架是最舒服的一种搬运工具,担架搬运法是战地搬运伤员最常用的方法。

(一)侧身匍匐搬运法

根据伤员受伤部位决定采用左或右的侧身匍匐前进,搬运者侧身紧靠伤员,将伤员腰部搬放到搬运者的大腿上,注意使受伤部位朝上,伤员头部和上肢不要着地(图6-29)。

图6-29 侧身匍匐搬运法

（二）单人肩、背、抱、拖拽法

该方法如图 6-30 和图 6-31 所示。

图 6-30　单人肩、背、抱法

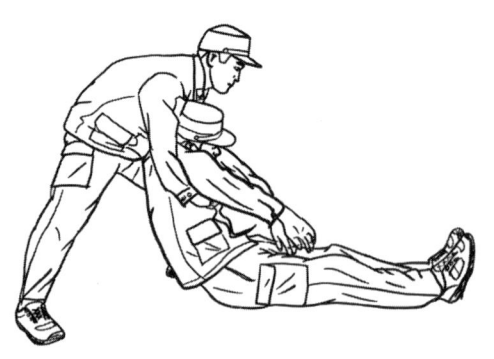

图 6-31　单人拖拽法

（三）双人徒手搬运法

该方法如图 6-32 所示。

图 6-32 双人徒手搬运法

(四) 脊柱和骨盆骨折搬运方法

脊柱或骨盆骨折临时固定后,必须用门板或木板等硬板搬运,以防因搬运不当,而导致抢救性第二次受伤的严重后果。搬运时,需3～4人同时用手将伤员平直托放在木板上(1人抬颈背部,1人抬臀部,1人抬下肢),对于疑似颈椎损伤的伤员,要有专人扶头部,沿纵轴向上略加牵引,随躯干一同移动。严禁用1人抬头,1人抬足的搂抱式错误搬运方法。伤员躺到木板上后,应用沙袋或折好的衣物塞在颈的两侧,以防头部左右摇动,躯干用宽布带固定。

注意事项:

①一般是先止血、包扎、固定,后搬运。
②根据敌情、伤情选用不同的搬运法。
③动作要迅速、要轻,以减少伤员的痛苦。
④搬运过程中,要时刻注意伤员伤情的变化。

第三节 意外伤的救护

一、中暑

(一) 中暑的原因

人体的正常体温在37℃左右。人体主要是靠辐射和转导对流方式散热的。当周围气温增高接近于体表温度时,热的辐射、对流就难以进行,身体产生的热量散不去,产热与散热失去平衡,体温调节和其他生理机能发生障碍,就会引起中暑。此外，劳动量过大、缺少适当休息、水盐补充不足、衣服不通气等也会导致中暑。

（二）中暑的症状

①前驱期。大量出汗、皮肤充血、心跳及呼吸加快、疲乏无力、头晕、头痛、口渴、恶心等。

②代偿不全期。体温升高至38℃以上，心跳、呼吸更快速，血压下降，烦躁不安，反射亢进，大量出汗，呕吐，体内盐分减少，甚至产生四肢肌肉疼痛、严重肌痉挛等情况。

③代偿衰竭期。体温升到40℃～41℃，这时出汗反而减少，尿闭、意识模糊不清、狂躁不安、惊厥，甚至昏迷、休克、血压下降，脉搏细弱而频，瞳孔对光反射迟钝，膝反射减退或消失，如不及时抢救，可致心衰及呼吸衰竭死亡。

（三）中暑的急救及治疗

把病人抬到通风阴凉地方，解开衣扣，使其平卧，用毛巾敷头部，喂饮淡盐水或凉茶补液降渴；轻症者可服人丹或十滴水，也可以针刺人中、合谷、曲池或施以刮痧疗法。对出现高热、昏迷、休克的重症者应及时送医院采取急救措施。

（四）中暑的预防

在正常情况下成人每天进入体内和排出体外的水量大致相等，约2.5L左右，每天摄取盐水10～20g。在高温下训练，每小时出汗量为0.6～1.2L，而人体中0.3%～0.5%的盐分和多种溶液性维生素也随汗液排出。因此训练时间长，造成体内水、盐等成分大量损失，如不及时补充，可能导致机体水盐代谢平衡发生紊乱。在训练时，应事先准备盐白开水、绿豆汤等食用的开水。

二、体温过低

体温过低指人体内部产生的热量小于身体散发的热量，体温降到正常值以下的情况，体温过低也会导致死亡。

（一）体温过低的原因

在风中、雨中及低温的环境中，人困体乏、穿衣过少、住所条件差、食物摄入不足都可能导致体温过低。尤其是在寒冷地带、极地区域，在寒潮袭击下，处在荒野之中的求生者更容易发生体温过低的情况而导致死亡。因此，处在冬季寒冷地带的求生者，应特别注意防护。

（二）体温过低患者的症状

患体温过低病的症者通常会出现行为烦躁，一阵好后接着嗜睡，反应迟钝，突然出现难以控制的战栗，行动不协调，走路跌跌绊绊以致摔倒，头痛、视觉模糊、腹痛、瘫倒、昏迷、失去知觉等症状。

（三）体温过低病人的护理方法

防止病人身体热量进一步散发。将病人移至保暖、避风的室内，脱去潮湿的衣服，换上干燥保暖的衣服；迅速对病人采取保暖措施；病人清醒时，让其饮用热饮，食用含糖食品。当病人体温过低加重，身体无力自我加热时，必须采取从体内加热的方法。病人体温刚恢复正常时，体内加热还必须继续进行，直到病人恢复自身供热能力为止。

注意事项：不要服用酒精，因为酒精会使体表血管张开，加快体内热量的散失速度。

（四）预防措施

搭建庇护所，保持室内温度，保持身体干燥，防止过度劳累。求生者互相结成"对子"，彼此间仔细观察，以尽早发现症状。

三、冻伤

当气温降到 0℃ 以下时，在体表裸露部位和远离心脏区域的皮肤及肌肉就可能会发生冻伤。例如，手、脚、脸等裸露部位都极可能发生冻伤。

（一）冻伤的症状

皮肤冻伤时，人首先感到刺痛，皮肤出现苍白的斑点，感到麻木，接着出现卵石似的硬块并有疼痛、肿胀、发红、起疱，最后病弱、消失；严重冻伤者，冻伤部位的肌体组织可能变灰、变黑、死去，最终剥落。

（二）冻伤的护理方法

冻伤部位注意不要用雪揉擦或放火上烘烤。最好的方法是将冻伤部位放在 28℃～28.5℃ 左右的温水中缓慢解冻。对严重冻伤者，注意不要挑破水疱和摩擦伤处，要防止感染，并力争尽快送医院治疗。

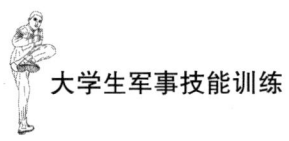

四、毒蛇咬伤

夏秋两季是蛇类四处觅食、活动最频繁的季节。野外训练部队身处山野草林地带,在捕猎和采摘食物,以及一切野外活动中,都可能遭到毒蛇攻击,发生被毒蛇咬伤事故。因此,夏秋季节在进行有计划的野外作业时,应当备有蛇药。当被毒蛇咬伤时,应当尽快采取急救措施。首先,马上缚住伤处靠近心脏一端,以减少毒液上流;然后,在被毒蛇咬伤处,用刀子划一个十字口,挤出毒液,以减轻中毒症状,也可用口吸毒液,随吸随吐,但口舌生疮或口腔黏膜溃疡的人不能口吸,以免中毒,口吸需进行20~30分钟。伤口上可用1%~3%的高锰酸钾溶液湿敷或用大蒜汁、雄黄等配合涂敷。为确保安全,进行上述处理后,在可能的情况下,还需要马上注射抗毒血清或用蛇药外敷和口服。有些像眼镜蛇之类的毒蛇,不仅会咬人,而且会喷射毒液,一旦遇到这种情况,应立即用水冲洗被喷射到的皮肤表面。

第七章　核生化防护

核、化学、生物武器与常规武器相比较,不仅在效应和杀伤威力上大不相同,而且在防护措施方面也有许多不同的特点。只要我们了解其特性,掌握必要的防护知识,学会一些基本的防护动作,就能减轻或避免受到伤害。

第一节　核生化防护基本知识

一、核武器及其杀伤破坏途径

核武器是利用原子核裂变或裂变—聚变反应瞬时释放巨大能量,形成大规模杀伤破坏效应的武器,包括原子弹、氢弹和特殊性能核弹等。核武器通常可用导弹、火箭、大口径火炮、飞机发射或投掷,也可制成核地雷、核鱼雷使用。其杀伤破坏途径如下:

①冲击波是核爆炸产生的高速高压气浪,能直接或间接造成人员脑震荡、骨折、内脏破裂和皮肤损伤。

②早期核辐射主要造成人员的放射性损伤。

③光辐射主要造成眼睛、皮肤、呼吸道烧伤,还可引燃各种物体,形成大范围火灾。

④核电磁脉冲会破坏各种电子设备,使电子元器件、电子设备失灵、失效以至损坏,使自动化指挥控制系统发生混乱,产生不可估量的后果。

⑤放射性沾染能在较长时间内对人员形成累积性伤害,影响军队作战能力和行动。

上述几种因素不仅杀伤破坏作用不同,而且作用时间长短不一,短的在核爆炸瞬间的分秒时间内产生作用,长的可能会影响几天至几十天,甚至更长时间。

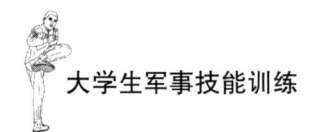

二、化学、生物武器及其杀伤破坏途径

战争中用来毒害人、畜的化学物质叫军用毒剂。装有毒剂的各种炮弹、炸弹、火箭弹、导弹、毒烟罐、手榴弹等统称化学武器。化学武器是以毒剂的毒害作用杀伤有生力量的武器。化学毒剂有神经性毒剂、糜烂性毒剂、失能性毒剂、窒息性毒剂和刺激性毒剂。化学毒剂的种类不同,其危害也不一样。化学毒剂释放后可变成气态、气溶胶态、液滴态、微粉态,人员接触或吸入后立即发生中毒,如果不及时防护和抢救就会失去战斗力或在短时间内死亡。战场上敌人最常使用的毒剂主要是神经性毒剂,包括沙林、梭曼等毒剂。

在战争中用来伤害人、畜,毁坏农作物的致病微生物和细菌所产生的毒素叫作生物战剂。装有各种生物战剂的炸弹、炮弹和气溶胶发生器、布洒器等统称生物武器。生物武器是利用生物战剂的致病作用杀伤有生力量和毁伤动植物的武器。按对人员的伤害程度其可分为失能性战剂和致死性战剂。

化学毒剂和生物战剂对人员的伤害途径如下:

①吸入中毒,就是战剂污染的空气经呼吸道被吸入人体内部引起的人员中毒。

②误食中毒,就是人员误食(饮)染毒的食物(水)引起的中毒。

③接触中毒,就是人员接触染毒物体,经皮肤、黏膜、伤口或蚊虫叮咬进(侵)入人体引起的中毒。

化学武器既可以用于战略后方,也可以使用在战场前线,尤其是对一些战役要点使用的可能性更大。

生物武器通常用来作为战略性武器袭击后方城市、军事基地、港口、车站及重要交通枢纽,特别是对人口密度大、文化知识落后、卫生条件差的地区具有明显的伤害效果。

三、战场次生核生化的危害

次生核生化危害是次生核危害、次生生物危害、次生化学危害的统称,是核生化设施遭常规武器袭击、人为破坏或自然灾害破坏而引发放射性物质、生物制剂和有毒化学品释放而产生的危害。在未来高技术局部战争中,战场次生核生化危害是一个不可回避的现实问题,士兵必须了解核生化设施遭袭产生的危害特点。

（一）核设施遭袭后的危害

核设施遭袭后的危害主要是指核设施遭袭被毁后释放的放射性核素（主要有碘、铯、锶等），通过烟羽外照射、吸入内照射、食入内照射等途径对人员所造成的危害。

碘进入人体的途径主要是随饮食摄入和随污染空气被吸入。它是核事故早期危害较大的主要元素。

铯主要通过食物链进入人体，可造成全身性和肺部照射。

锶主要通过食物链进入人体，主要对骨髓和骨组织进行照射。它也是事故晚期危害较大的主要元素之一。

辐射对人体的作用是一个非常复杂的过程。人体从吸收辐射能开始，到产生生物效应直至机体损伤或死亡为止，要经过许多不同性质的变化。

（二）化学工业设施遭袭后的危害

化学工业设施遭袭后，泄漏的有毒有害物质会对人员造成危害。有毒有害物质按其毒理作用主要分为：呼吸系统毒物，包括氯气、氨、硫化氢、二氧化硫、甲醛等；神经系统毒物，包括苯、有机磷杀虫剂、甲苯、磷及其化合物、四氯化碳、甲醇等；血液系统毒物，包括一氧化碳、氰化物、苯胺、煤气、液化石油气等。

有毒有害物质进入人体引起中毒的途径主要有三种：一是吸入中毒；二是接触中毒；三是食入中毒。

有毒有害物质对人体的伤害特点：一是局部的刺激和肌体腐蚀；二是阻止氧的吸收和输运；三是抑制人体内酶系统的活力；四是破坏神经系统。

（三）贫铀弹使用后的危害

贫铀弹是指以贫铀为主要原料制成的导弹、炸弹、炮弹、子弹等。贫铀弹爆炸后的危害：一是来源于其爆炸后弹体在高温反应中形成的放射性气溶胶，随风飘散，污染空气、地面、水源和物体；二是来源于其爆炸后形成的带放射性微尘污染的弹片。

贫铀弹对人员的放射性危害途径通常也有三种：一是吸入伤害；二是食入伤害；三是接触伤害。此外，接触贫铀弹放射性微尘污染的物体也会对人员造成伤害。

人员受贫铀弹放射性伤害后，其外部表现症状有脱发、肌体疲惫、体温升高、关节肿胀、肌肉疼痛、震颤、记忆力减弱、睡眠失常、体重骤减、呕吐、腹泻、食欲减退、手足出血、新生儿畸形等。

（四）民用生物设施遭袭后的危害

民用生物设施遭袭后的危害主要是指民用生物设施（如生物实验室、制剂室等）遭袭后所释放的病毒、细菌、毒素、真菌等微生物，通过消化道、皮肤及呼吸道三种途径侵入人体对人体造成危害。

微生物进入人体后，能破坏人员的生理功能而使人生病，这时受感染者会出现发热、头痛、全身无力、上吐下泻、咳嗽、恶心、呼吸困难、局部或全身疼痛等症状。

第二节 防护装备与器材使用

个人防护装备是用于防止核生化有毒有害物质对单个人员造成伤害的防护装备，可分为呼吸道防护器材、皮肤防护器材和个人急救器材等。

一、呼吸道防护器材

呼吸道防护器材是指用于保护人员的呼吸器官、眼睛及面部皮肤免受毒剂、细菌及放射性灰尘直接伤害的个人防护器材。这里重点介绍我军主要装备的过滤式防毒面具的种类、性能和使用方法。

（一）主要类型

过滤式防毒面具主要类型有 FMJ03 型、69 型防毒面具、FMJ05 型和 FMJ08 型。

1. FMJ03 型防毒面具（原 65 型）

FMJ03 型防毒面具是没有导气管的头戴式通话面具，由过滤元件、面罩、面具袋组成，如图 7-1 所示。

2. 69 型防毒面具

69 型防毒面具是头盔式通话面具，由面罩、滤毒罐和面具袋三部分组成，如图 7-2 所示。

3. FMJ05 型防毒面具（原 87 型）

FMJ05 型面具是头戴式面具，由滤毒罐、面罩、面具袋及附件组成。

4. FMJ08 型防毒面具

FMJ08 型防毒面具是我军的新一代防毒面具，由滤毒罐、面罩、面具袋及附件组成。该面具提高了面罩的耐毒剂液滴渗透性能和耐洗消性能，且增加有饮水装置，人员佩戴时可饮水或进食流食。

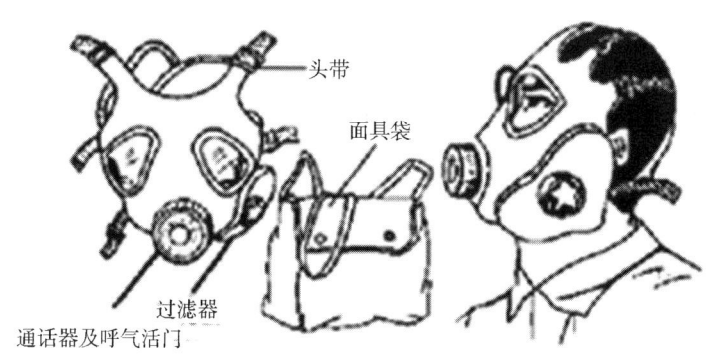

图 7-1　FMJ03 型防毒面具

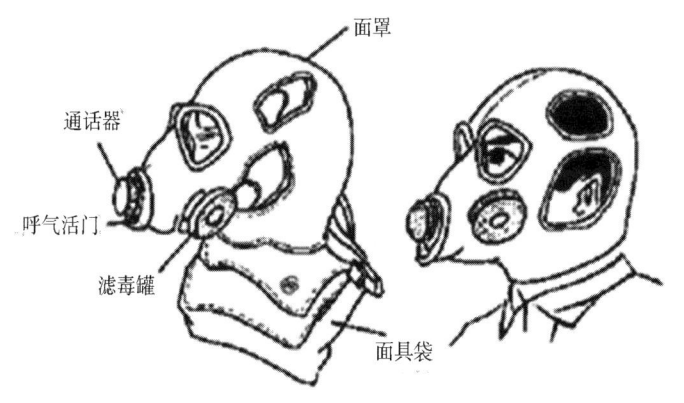

图 7-2　69 型防毒面具

（二）主要性能

各型防毒面具的主要性能，见表 7-1。

表 7-1　我军现装备防毒面具的主要性能

性能		FMJ03 型 （原 65 型）	FMJ05 型 （原 87 型）	69 型	FMJ08 型
总重量（千克）		0.61	0.65～0.7	0.8	0.9
总视野		73%	75%～80%	80%	60%
通话能力		50 米清晰度为 90%			传声损失不大于 8 分贝
防毒能力	防沙林	10 小时左右	40 小时左右	6 小时左右	大于 40 小时
	防氢氰酸	50 分钟左右	60 分钟左右	40 分钟左右	不小于 30 分钟
	防 Vx 雾	30 分钟左右	大于 2 小时	30 分钟左右	大于 2 小时

（三）携带与使用方法

1. 携带面具

通常是左肩右携，面具袋上沿与腰带取齐。运动时，可将面具移至身体的右后方。

2. 气密性检查

戴好面具后，用右手堵住进气口，同时用力吸气，若感到堵塞不透气，则说明面具气密性良好，若感觉漏气，应首先检查佩戴是否正确，然后检查呼气活门有无异物及面具有无损坏，根据情况处理后再重新检查。

3. 戴脱面具的要领

口令："化学警报"或"戴面具"，"解除化学警报"或"脱面具"。
动作要领：
①戴面具。

FMJ03 型和 69 型立姿戴面具要领：当听（看）到"化学警报"信号或"戴面具"的口令时，立即停止呼吸，闭嘴闭眼，迅速将面具袋移至右前方，打开袋盖，右手握住面具袋底，左手迅速取出面具，两手分别握住面具两侧的中、下头带，拇指在内撑开面罩；身体微向前倾，下颌微伸出，将面罩套住下颌，用拇指和食指夹住军帽檐，两手稍用力向上后方拉头带，迅速戴上面具；两手对称地调整头带，使面具与脸部密合；然后深呼一口气，睁开眼睛，戴好军帽。立姿戴面具，如图 7-3 所示。

图 7-3 立姿戴面具

FMJ05 型和 FMJ08 型防毒面具立姿戴面具的要领有两种。

第一种：当听（看）到"化学报警"信号或"戴面具"的口令时，立即停止呼吸，闭嘴闭眼，一手迅速将面具袋移至右前方，握住面具袋底，一手打开袋盖握住通话器迅速取出面具，直接将面罩罩在面部，持通话器的手调整罩体密合框位置与脸面密合；与此同时另一手抓头带垫，沿头上部向头后将头带整体外翻到位；最后两手换抓两根下头带，同时用力拉紧下头带，拉紧下头带的同时深呼一口气再睁开眼睛，恢复正常呼吸。

第二种：当听（看）到"化学报警"信号或"戴面具"的口令时，立即停止呼吸，闭嘴闭眼，迅速将面具袋移至身体右前方，右手握住袋底，左手打开袋盖，取出防毒面具，两手分别卡握面具两侧的下头带，拇指在内撑开面罩；身体微向前倾，下颌微伸出，将面罩举过头顶的同时右手拇指食指将军帽取下，按照从上向下的顺序将面具戴好，戴好军帽；两手对称的调整头带，使面具与脸部密合；然后深呼一口气，睁开眼睛。

②脱面具。当听（看）到"解除化学警报"信号或"脱面具"的口令后，左手脱下军帽，右手握住面具下部，向下向前脱下面具，戴上军帽，然后将过滤器朝外装入面具袋内。

戴面具时，停止呼吸和闭嘴是为了防止吸入染毒空气；闭眼是为了防止毒剂伤害眼睛；深呼一口气是为了排除面罩内的染毒气体。

持枪戴（脱）面具时，应先成肩枪或夹枪姿势，然后按立姿戴（脱）面具的要领戴好（脱下）面具，取枪成原来姿势。

卧姿戴面具时，应先将枪置地，身体转向右或用两肘支撑上体，左手脱帽，按立姿要领戴好面具。

二、皮肤防护器材

皮肤防护器材是指保护人员皮肤免受毒剂、生物战剂和放射性灰尘伤害的个人防护器材。

（一）皮肤防护器材的种类

目前，我军现装备的皮肤防护器材主要包括防毒斗篷、防毒手套、防毒靴套和防毒服等。

1. FDP03 型防毒斗篷（原 81 型）

其主要用来防止毒剂液滴、生物战剂、放射性灰尘降落或飞溅到人体、装具和单兵武器上。它对各种毒剂液滴的防毒时间为 2 小时以上；对毒剂蒸汽只能减轻伤害，不能达到完全防护。FDP03 型防毒斗篷分 A 型和 B 型两种。

A 型为无袖式，适合全副武装的士兵用于保护全身和所携带的武器装备，用墨绿色厚度为 0.08 毫米的聚乙烯薄膜裁剪、接合而成。其形式很像军用防雨斗篷，在帽罩的边缘部位有帽带，前襟装有 5 付弹簧扣，平均重量为 270 克。

B 型为带袖披肩式，适合炮兵和其他特种兵用以保护全身，所用材料和 A 型完全一样。其特点是在门襟的下半部和下摆后部的折边上左右各装四对扣，需要时将下摆后部中央提起，将对应的左右扣按好，即形成两条裤腿。在下摆的前部折边内还装有下摆紧带，可用来扎在小腿的外部，重量约为 280 克。

以上两种防毒斗篷均用透明的塑料薄膜包装，包装体积约为 20 厘米 × 12 厘米 × 3 厘米。

2. FST04 型防毒手套（原 81 型）

FST04 型防毒手套外面涂丁基胶乳，衬里为棉织物，因而佩戴时吸汗，使人感觉柔软舒适。防毒手套的防毒能力在 36℃试验条件下，各部位对芥子气的防毒能力都超过了 240 分钟。FST04 型防毒手套，如图 7-4 所示。

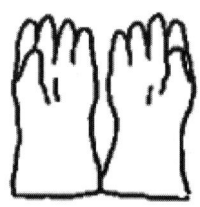

图 7-4　FST04 型防毒手套

3. FXT02 型防毒靴套（原 81 型）

FXT02 型防毒靴套不分左右脚，为软底片。靴底以维纶布为基布，先在其两面涂上天然橡胶，然后在底面再涂一层氯丁胶而制成。在靴底宽出的部分开有五个孔，并有长约 2.5m 的靴带由前向后沿两侧孔穿过，用以系牢靴套。靴帮由丁基胶布制成，能保护小腿。FXT02 型防毒靴套，如图 7-5 所示。

图 7-5　FXT02 型防毒靴套

4. FFF01 型防毒服和 FFF02 型防毒服（原 82 型）

FFF01 型防毒服和 FFF02 型防毒服均为透气式防毒服，具有防毒、透气和散热的功能，可用于防止雾滴状和蒸气状毒剂接触皮肤引起伤害，又可作为普通军服穿着，必要时还可作为战斗服使用。它们与防毒斗篷、防毒手套、防毒靴套和过滤式面具配套使用可构成一套全身防护器材。

FFF01 型防毒服由带头罩的上衣和裤子组成，采用内外两层不同材料构成，其外层是经过防油处理的维棉布以阻挡毒剂从外层渗入内层；内层是特制的绒布，其内面的绒面上喷有活性炭炭浆，用于吸附蒸气状毒剂。

FFF02 型防毒服的内层材料与 FFF01 型防毒服的相同，外层是经处理的迷彩服布料，并具有阻燃性能。

5. FFY03 型防毒衣

FFY03 型防毒衣有 5 种规格。与 FFY02 型防毒服相比，优化了肘部和膝盖部位的增强结构，减少由增强引起的重量增加，并在腰的两侧增加了两个固定腰带的带扣，便于固定腰带和穿着。FFY03 型防毒衣与防毒帽垫、防毒手套和防毒衣袋组成了 FFY03 型皮肤防护装备。

（二）皮肤防护器材的使用

为使防护器材最大限度发挥作用，保存部队战斗力，皮肤防护器材应做到：良好的气密性，尤其要注意头、颈、袖口的气密性；良好的适应性，尤其适应较强劳动条件下长期工作的情况；良好的毒情观念，尤其要注意脱防护器材时不染毒、不沾染。

使用皮肤防护器材时，穿脱通常按照斗篷、靴套、手套的顺序进行。脱下的器材经洗消、保养后包装备用，或统一销毁。

1. 穿着防毒靴套的要领

将靴带对折，折头穿入前带孔，将两带尾穿入折头环并拉紧；分开靴带分别从下而上穿进侧带孔，然后从下而上穿进后带孔；使两带在脚后交叉，绕至脚腕部扣一个结，向后上打一叉，再向前上打一叉，最后将带勒紧在膝盖下系为活结。

脱防毒靴套的要领是：背风而立，解开靴带，交替用一只脚的脚尖踏住另一脚的靴套后跟带，将靴套脱下。

2. 穿着防毒斗篷的要领

① A 型防毒斗篷。当听到"毒剂——斗篷"的口令后，应先戴好面具，而后迎风而立，背枪或挂枪，取出斗篷，手持罩帽部分使斗篷垂下；用双手撑开斗篷，身体微向前倾，将斗篷披在武器装备和身上；转向背风而立，束紧帽带扣好前襟；取出手套戴好。

② B 型防毒斗篷。首先戴好面具，而后迎风而立，取出斗篷，手持帽罩部分使斗篷自然下垂，身体微向前倾，用双手撑开斗篷，穿在身上，转向背风而立，扣好上身五对扣，背好面具袋；叉开双腿，将后下摆正中提起，先左后右连接裤腿，分别把对应的四个衣扣扣好（需呈防毒衣状态时，应选穿靴套，系好下摆紧带，最后戴手套），系好袖口，呈非防毒衣状态。B 型防毒斗篷穿戴，如图 7-6 所示。

图 7-6　穿戴 B 型防毒斗篷

脱防毒斗篷的要领：迎风而立，解开帽带、扣子、袖紧带与下摆带，脱下斗篷甩到身后并使染毒面着地。

3. 穿着FFY03型防毒衣要领

口令："成战斗状态——穿防毒衣"或"全身防护"，"脱防毒衣"。

动作要领：当听到"成战斗状态——穿防毒衣"或"全身防护"的口令后，应迅速卸下武器、装备与装具，解下腰带置于身体左侧，下蹲的同时左右手分别握住防毒衣袋和面具袋的背带，卸下两袋置于身体的两侧；左手扶防毒衣袋，右手打开袋盖并取出防毒衣，顺势向前展开防毒衣；两手撑开胸襟，按先左后右的顺序将腿伸入裤管；上提防毒衣的同时稍下蹲将两臂手心向外插入袖筒，借助两臂向上的翻力把防毒衣穿上（此时，为了使防毒衣穿得平整，及方便携带各种装具，可暂时将头罩罩在头上）；上体稍向前倾，披平贴好胸襟布，稍向后挺身由下而上对齐抹平胸前尼龙搭扣；系好腰带、蹲下系好鞋带；整理脱下的鞋帽等物并放入防毒衣袋，盖好袋盖；面具袋在上，防毒衣袋在下，一起右肩左胁背好，并将面具袋腰带系好；最后按戴面具要领戴好面具与衬帽，扣好头罩，仔细披好下颌垫布，系好颈带，从面具袋中取出手套，挂好拇指套环，按先左后右的顺序将手套置于内外袖之间戴好。

穿着FFY03型防毒衣的要领可用"卸、展、穿、翻、整、系、背、戴"八个字来概括。

脱防毒衣的要领：当听到"脱防毒衣"的口令后，迅速卸下武器及所背带的装具；尔后自上而下依次解开颈带、腰带和鞋带；右手掀下头罩抓住下颌垫布，左手握住颈带（若原来未解，应在此时先解颈带），用手向后下方翻脱上衣，蜕出双肩；两手缩回到外袖内，逐段交替地抓住外袖与手套蜕出双手；双手从里面推防毒衣，露出小腿后先左后右抬腿后退一步（原来脱鞋者此时穿上鞋），脱去衬帽后用左手拇指抠面具的头带垫，向前脱下面具放到面具袋上。

三、个人急救器材

个人急救器材主要有个人急救包和个人防护盒两种。

（一）个人急救包

个人急救包是个人战场上的急救器材。包内装有85号预防片、85号神经毒剂急救针、抗氰胶囊、抗氰急救自动注射针、二巯基丙醇软膏、军用毒剂消毒手套等。

①85号预防片：用于预防人员神经性毒剂中毒，人员应提前1小时左右或根据命令口服。

②85号神经毒剂急救针：用于治疗神经性毒剂中毒者，轻度中毒注射1支，中度中毒注射1～2支，重度中毒注射2～3支。

③抗氰胶囊：该药适用于预防人员氢氰酸或氰类化合物中毒，有效预防时间为4～6小时，服用后半小时生效，每天只服一次；该药也可用为氰化物轻度或中度中毒人员口服治疗用药。

④抗氰急救自动注射针：用于氰类化合物中毒者。

⑤二巯基丙醇软膏：用于路易氏毒剂皮肤染毒的急救治疗；使用前，应用纱布等蘸吸毒剂液滴，而后从染毒边缘旋转向内涂，5分钟后用水洗去。

⑥军用毒剂消毒手套：用于供人员皮肤、服装及轻武器被液体毒剂污染后消毒时使用。

（二）个人防护盒

个人防护盒也是一种战场个人急救器材。盒内装有神经性毒剂预防片（复方70号防磷片）、11号注射针或80型急救针、粉剂个人消毒手套、抗氰急救针剂（4-DMAP注射液）和85抗氰预防片。

①神经性毒剂预防药片（复方70号防磷片）：用于预防人员神经性毒剂中毒，并可减轻中毒症状；通常应提前1小时左右或根据命令口服1片；需要时，间隔10小时可再服1片；或一天一片连服三天，必要时可在最后一次服药48小时后再次服用；服用预防片不能代替防毒面具和皮肤防护器材。

②11号注射针和80型急救针：用于战时阵地急救、治疗神经性毒剂中毒者；轻度中毒注射1支，中度中毒1～2支，重度中毒2～3支，如肌颤、惊厥等中毒症状仍未控制，可重复注射1～2支，防止用药过量或误用；如出现药物反应，应立即停药。

③个人消毒手套：供人员皮肤、服装及轻武器被液体毒剂沾染后消毒用，可以消除神经性毒剂和糜烂性毒剂等；消毒时，粉剂勿入伤口及眼内。

④抗氰急救针（4-DMAP注射液）：供氢氰酸或氰化物中毒人员急救用，当人员氰类化合物中毒后，立即肌肉注射10%4-DMAP注射液2毫升，中毒症状缓解后不再注射，如需重复给药可再注射半量（1毫升）即可；凡患遗传性高铁血红蛋白还原酶缺乏者禁用。

⑤85抗氰预防片：用于预防人员氢氰酸或氰类化合物中毒，为急救氰类化合物患者争取治疗时间，减轻中毒症状，有效预防时间为4～6小时。

85 抗氰预防片由 4-DMAP 片（100 毫克）和 PAPP（90 毫克）两种片剂组成（分别瓶装）。口服时服 4-DMAP 和 PAPP 各一片，服用后半小时内生效，每日口服一次。该药还可作为氰化物轻度或中度中毒（无呕吐者）人员口服治疗用药。患遗传性高铁血红蛋白还原酶缺乏者禁用；抗氰预防药不宜连续服用，服药时必须两种片剂同时服用；药片保存需密封防潮，放置阴凉处。

四、个人防护器材的保管

个人防护器材属于个人专用专管、保管时应注意以下几点：
①个人使用的面具，可在背带调节环处（或统一规定）注明姓名、号码，不准在面具上做记号。
②器材应统一放在干燥的专用柜内，不要堆压。
③器材用后应擦拭干净、晾干，禁止在阳光下暴晒或火烤。
④不常用的器材，橡皮部分应撒上一层薄而均匀的滑石粉，滤毒罐应拧下密封保管。
⑤面具不要随意拆卸、涂油和水洗，特别要注意保护通话膜和呼气活门。
⑥器材不得坐压或当枕头，袋内不得存放其他物品。
⑦避免与酸、碱、盐等物品混存堆放。

第三节　核生化防护主要方法

对核生化武器的防护是指军队对敌人核、生物、化学武器袭击而采取的防护措施，目的是最大限度地减少损伤，保持部队的战斗力和重要目标的生存能力。士兵必须掌握其防护方法，这样才能有效保存自己。

一、对核武器的防护

核武器是禁用的，但随着战争的升级，敌人也有使用的可能性。在战场上，敌人一旦使用核武器，士兵应充分利用地形和防护器材进行防护，尽量减免其伤害。

对核武器的防护主要包括两个方面：一是对核爆炸瞬时效应的防护；二是对放射性沾染的防护。

(一)对核爆炸瞬时效应的防护

核爆炸瞬时效应防护是指对核爆炸产生的冲击波、光辐射、早期核辐射等瞬时杀伤效应采取的防护措施,是核防护的重要内容。采取有效的防护措施可以减少人员伤亡和装备物资的损失。

1. 开阔地上的防护

当士兵在开阔地上行动,收到核袭击警报信号或发现核闪光时,应立即背向爆心卧倒。卧倒时,将武器置于身体的一侧,两手交叉压于胸下,两肘前伸,头自然下压夹于两臂之间,闭眼闭嘴(有条件时堵耳),憋气(当感到热空气时),两腿伸直并拢。在开阔地上的防护,如图7-7所示。

图7-7 在开阔地上的防护

正在行驶的车辆,突然遇到闪光时,驾驶员应立即停车,将身体弯伏或卧伏在驾驶室内,乘车人员应尽量卧倒。

2. 利用地形防护

利用土丘、土坎、坟包等高于地平面的地形防护可以有效地减少核武器的杀伤。当士兵发现核爆炸闪光时,应就近利用地形背向爆心的一面迅速卧倒(动作要领同开阔地)。如利用较大的土丘、坟包、土坎时,可对向爆心卧倒,重点防护头部。

利用土坑、弹坑、沟渠等低于地面的地形防护时,首先携带武器快速跃(滚)入坑内,身体蜷缩,跪或坐于坑内,两肘置于两腿上,两手掩耳,闭眼闭嘴,暂停呼吸。若坑大底宽,也可横向或对向爆心卧倒。利用沟渠时,宜用横向爆心的沟渠卧倒防护,若沟渠的走向对向爆心时,只能利用拐弯处防护。利用各种地形防护,如图7-8所示。

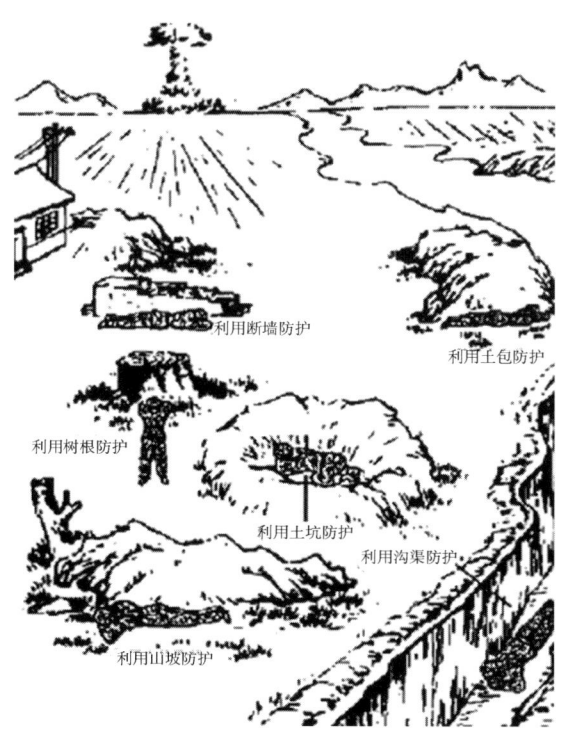

图 7-8 利用各种地形防护

坚固的建筑物对瞬时杀伤因素具有一定的防护作用。若在室外应尽量利用墙的拐角或紧靠墙根卧倒；若在室内应在屋角或床、桌下卧倒或蹲下，但注意不要利用不坚固或易倒塌的建筑物，避开门窗处和易燃易爆物，以免受到间接伤害。

山洞、桥洞、涵洞、下水道等都是较好的防护地形；有时单个人员也可利用树木、丛林、青纱帐或潜入水中进行防护。

3. 利用服装装具防护

利用雨衣及防毒斗篷和其他衣物、手套、毛巾等防护，在一定距离上，可减轻或避免热、核辐射的伤害。衣物的防护效果，一般是厚的比薄的好，浅色的比深色的好，密实的比稀疏的好。冲击波在一定范围内能损伤耳膜，可利用炮兵防震耳塞、棉花或其他细软物堵塞耳孔防护；冬天放下帽耳也有一定的防护作用。

4. 利用工事防护

各类工事对核武器都有较好的防护效果，与在开阔地上的人员相比，各种工事可减少 1/2 ～ 5/6 的伤亡率。

横向爆心的堑壕、交通壕和单人掩体对光辐射、冲击波和核辐射都有一定的防护效果。占领阵地的士兵来不及进入掩蔽部时,应迅速在壕内卧倒或采取坐下或蹲下姿势防护。有掩盖的堑壕、交通壕效果会更好。纵向或斜向爆心的堑壕、交通壕防护效果较差。当堑壕对向爆心时,可利用掩体防护,面向爆心跪下或蹲下,用手掩耳,闭眼闭嘴,暂停呼吸。利用崖孔和掩蔽部时,最好是利用拐弯的崖孔和有防护门的掩蔽部防护。利用崖孔防护,如图 7-9 所示。

图 7-9　利用崖孔防护

(二)对放射性沾染(污染)的防护

对放射性沾染(污染)的防护是指对核爆炸形成的放射性沾染(污染)采取的防护措施。其目的是避免或减轻放射性物质通过体外照射、体内沾染和皮肤沾染的方式对人体形成伤害。

1. 对放射性烟云沉降的防护

处于爆心下风方向的人员在放射性烟云到达以前要做好防护准备。当发现放射性灰尘落下时,迅速穿戴防护器材;若无制式器材,应利用就便器材进行防护,如戴口罩,披雨衣(斗篷),扣紧袖口、领口和裤腿,脖子上围毛巾等进行全身防护,将身体遮盖起来。当沉降完毕,如风速不大,无大量灰尘扬起时,可脱掉雨衣或斗篷(注意风向),但不要摘口罩。

2. 通过沾染区的防护

①应首先检查防护器材是否完好,武器携带是否便于行动和进行防护。
②服用抗辐射药物,如服用硫辛酸二乙胺基乙酯、雌三醇或某些硫氢化合物等,上述药物可使核辐射引起伤害的严重程度降低大约一半。

③利用制式器材或简易器材进行全身防护，其方法与防放射性烟云沉降相同。

④通过沾染区时，应尽量避开辐射水平高的地区，能绕则绕，不能绕过时，人员之间应保持适当距离，加快行进速度，减少扬起灰尘。如有条件乘车通过时，应尽量乘车，以缩短停留时间。

3. 在沾染区内的防护

①利用有防护设施的工事进行防护，尽量减少在工事外活动，以减轻外照射和沾染。

②暴露人员应穿戴防护器材，扎紧"三口"（领口、袖口、裤口）、穿（披）雨衣或斗篷、戴手套等。

③在沾染区内，尽量不喝水、不吸烟、不进食，不接触受染物体。情况允许时，应在有防护设施的工事或帐篷内饮食。

④如人员沾染较严重时，可根据情况及时进行局部消除。

二、对化学武器的防护

为了避免或减少敌化学武器的杀伤，战斗中士兵应充分做好防护准备，使个人防护器材处于良好状态，便于使用和不影响战斗行动。一旦遭受化学袭击，士兵应根据不同情况灵活利用器材、工事等进行有效防护。

（一）遭化学袭击时的防护

1. 利用器材防护

呼吸道和眼睛防护：遭敌化学袭击时，要迅速戴好防毒面具。

全身防护：敌机布洒毒剂、毒剂炮（炸）弹爆炸后有飞溅的液滴或漂移的气雾时，除进行呼吸道和眼睛防护外，还要迅速披上防毒斗篷或雨衣、塑料布等，同时应防止毒剂液滴溅落在随身携带的装具和武器上。

2. 利用工事防护

利用有防护设施的工事防护时，应根据指挥员的命令有组织地进入，不得随意进出。进入时应防止将毒剂带入，进入后关闭密闭门或放下防毒门帘，要减少各种活动。人员在没有密闭设施的工事内要戴面具防护。遭受持久性毒剂袭击时，离开工事前要进行下肢防护。

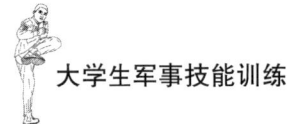

（二）直接通过染毒地域时的防护

在徒步通过染毒地域前，应充分做好防护准备，到达染毒地域前先利用地形迅速穿戴防护器材，并进行认真检查，其顺序如下：

①戴好防毒面具。

②穿好防毒靴套（或利用就便器材包裹腿脚，或扎好裤口）。

③穿好防毒斗篷或雨衣（为便于持枪，斗篷可扣第一、二两个扣子）。

④戴好防毒手套。

⑤整理和相互检查防护是否严密确实和便于行动。

直接通过染毒地域时，根据敌情和地形选择地质坚硬，植物层低、少的道路，尽量避开弹坑及泥泞、松软、高草和有明显液滴的地点。情况允许，可拉开距离，大步快速通过。

通过后，应根据指挥员的指示或利用战斗间隙，检查染毒情况，对人员、服装、武器的染毒部位进行消毒，脱去防护器材，顺序如下。

①背风而立，将武器装备放在下风2～3步处。

②脱去斗篷或雨衣，将染毒面向内折叠好放在武器一侧。

③先脱去一只手套，取出皮肤消毒液，戴好手套，按次序进行消毒。消毒后的武器、器材放在上风（或侧风）处。

④处理消毒物，对手套消毒。

⑤脱去防毒靴套（或解除包裹腿脚器材）、防毒手套，最后脱去防毒面具。

（三）在染毒地域停留时的防护

在染毒地域停留时，必须按照规定穿戴防护器材，尽量避免与染毒物体接触。利用战斗间隙对接触物体和活动地域进行消毒，严禁在染毒地域随便进食、喝水、大小便。

三、对生物武器的防护

对生物武器的防护主要包括对生物战剂气溶胶的防护和对敌投放的带菌昆虫的防护。

（一）对生物战剂气溶胶的防护

生物战剂气溶胶只有通过呼吸道、消化道、黏膜和皮肤特别是受伤的皮肤进入人体后，才能发挥其杀伤作用。防护的基本目的就是防止生物战剂气溶胶从这些部位进入人体。能对毒剂气溶胶和放射性气溶胶进行有效防护的措施均适用于防生物战剂气溶胶,如各种军用防毒面具、民用防毒面具、防疫口罩、防尘口罩,甚至用布片、手帕等捂住口鼻,也有一定的防护效果。防毒服、防疫服、简易皮肤防护器材等可对身体表面起到较好的防护作用。有防毒设施的掩蔽部集体防护效果更好。缺乏条件时,也可利用地形及气象条件避免和减轻危害,如运动到生物战剂气溶胶云团或污染区的上风方向;黄昏、夜晚、黎明和阴天时,在高处隐蔽;不停留在易滞留生物战剂气溶胶的植被区域等。

(二)对敌人投放的带菌昆虫的防护

此防护主要是保护暴露皮肤,防止昆虫叮咬。其主要方法如下。

一是利用工事、房屋、帐篷防护。门窗或出入口应安装纱窗、纱门,挂上用防虫药物浸泡过的门帘或关闭孔口、密闭门。

二是利用器材防护。可利用防蚊服、防蚊帽等进行防护。为防止敌投带菌昆虫钻入衣服,可将袖口、裤脚扎紧,上衣塞入裤腰(或扎腰带),颈部围毛巾。对于蜱(蜘蛛一类小动物)的防护,应经常检查,将爬在衣服上的蜱及时除去。

三是涂驱避剂。为保护人员不受昆虫的叮咬,可使用驱避剂加以防护。常用的驱避剂有避蚊胺、驱蚊灵等。使用时,将药涂在暴露皮肤上,每次用量3~5毫升,避蚊胺涂抹后可维持4~6小时。或将药涂在衣服的裤脚、袖口和领口处。使用驱避剂时切忌全身涂抹,尤其不得抹入眼内,以免引起皮肤中毒。

此外,搞好个人卫生、战场卫生,增强人员体质和基础免疫力,消灭生物战剂生存条件,预防传染病产生和蔓延也是对生物武器防护的一条重要措施。

四、对次生核生化危害的防护

对战场次生核生化危害的防护是核生化防护的一项重要内容。战场次生核生化危害与核生化武器使用后的毁伤效果有着许多相同之处,但仍有不同点。因此,士兵应根据次生核生化危害的特点和核生化防护基础知识,有针对性地掌握其防护方法。

(一)对核设施遭袭后放射性危害的防护

敌常规兵器打击我民用核设施后将产生放射性物质的扩散性危害。这种危害主要是核反应原料被破坏后形成的放射性烟羽随风扩散到核设施周围几千米到几十千米的范围内,然后造成的空气、水源、地面等物体的放射性污染。同核武器使用后造成的放射性危害相比,它具有放射性强度小、放射性物质半衰

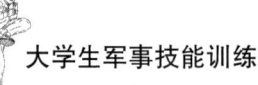

期长的特点。其对人员的伤害途径与核武器形成的放射性伤害相同。

1. 对放射性烟羽的防护

①利用防护设施和工事进行防护。当受到放射性烟羽危害时，只要战斗情况允许，人员应迅速进入房屋、帐篷，并关闭门窗；或进入坑道、工事内，并关闭防护门或工事进出口。

②利用个人防护器材防护。当现地没有防护设施和工事时，应迅速利用防护器材（如防毒面具、防毒服等）进行防护，如果没有制式防护器材，应利用就便防护器材进行防护，如戴防尘口罩，披上雨衣或塑料布，扣紧袖口、领口和裤腿，脖子上围上毛巾等，进行全身防护。

③尽量不在放射性烟羽沾染地域内喝水、吸烟、进食。

④当必须在放射性烟羽污染地面上卧倒作战或坐卧休息时，应对人体接触的地面用铲除法进行消毒，铲去地表面5～10厘米的表土。并堆积到下风方向，表面用净土压实，防止风起扬尘而影响下风方向的人员安全。

⑤在放射性烟羽沾染区内长时间停留时，应注意个人照射剂量的监督，发现受到较重的放射性烟羽伤害时，可视情况进行局部消除。

2. 通过放射性烟羽区时的防护

通过被放射性烟羽沾染的地域时应采取严格的防护措施，尽量减少人员受放射性烟羽沾染的伤害。

通过前，应认真穿戴好人员呼吸道及全身防护器材。有条件还可口服抗辐射药物，以降低放射性烟羽对人员的伤害程度。

通过时，人员应全身防护，保持人与人、车与车之间的间隔，尽量避开较重的沾染地段，选择沾染较轻的路线通过，防止放射性烟羽扬起而影响他人。

（二）对贫铀弹使用后放射性危害的防护

1. 进入使用贫铀弹区域时的防护

进入贫铀弹放射性污染地域执行任务，或需要从贫铀弹污染区域内通过时，应及时采取呼吸道和皮肤防护，严格防止放射性物质从呼吸道进入人体，避免人体肌肤接触。

通过或撤出污染区后，可采取喷淋、冲洗等办法，对人员皮肤、装具等进行彻底洗消。

2. 受到危害后的防护措施

人员受到贫铀弹放射性伤害后，应立即服用促排铀的药物，降低人体内铀的含量，主要促排铀的药物有碳酸氢钠、喹胺酸、氨羧基类络合剂、氨烷基次膦酸类络合剂和二亚丙基三胺五亚甲基膦酸等。

此外，还应对症进行治疗，如增加营养，提高人体抵抗能力；服用治疗药物，促进肾功能恢复、纠正体内电解质和酸碱平衡；采用药物换血疗法，全面降低人体铀含量等。

（三）对次生化学危害的防护

对次生化学危害的防护和对化学武器的防护有着共同措施和手段，只是在具体的手段和方法上因情而异。

一是应迅速利用防毒面具、口罩、氧气面具等进行呼吸道防护，如遇到有毒、有害化学液滴飞溅或飘移的气雾时，还应利用防毒衣、防毒斗篷或雨衣、防毒靴和手套等进行全身防护。有条件时，应迅速进入坑道工事或掩蔽部并关闭密封门或放下防毒门帘进行防护。

二是当需要在次生化学危害范围内停留时间较长时，应利用有防护条件的坑道工事进行饮食活动。如果没有良好的坑道防护工事，人员可轮流到次生化学危害区外进行饮食和轮休。

三是人员必须从次生化学危害地域通过时，应提前戴好防毒面具或口罩；当进入有氢氟酸、三氯化磷等可通过皮肤使人中毒的次生化学危害地域时，还应穿戴防毒服、防毒斗篷、雨衣、防毒手套等进行全身防护。通过时，人员应尽量乘车行进以减少在危害区的运动时间，降低可能伤害的概率。

四是通过或从次生化学危害地域中撤离的人员，应及时对服装、装具和武器进行消毒。

（四）对次生生物危害的防护

对次生生物危害的防护方法与对生物武器的防护方法中的对敌投带菌昆虫的防护方法基本相同，主要是保护暴露皮肤。

第四单元　战备基础与应用训练

教学目标：熟悉日常战备要求、战备制度和等级战备规定、紧急集合要求要领，了解行军、宿营组织实施相关要求和露营方法，掌握野外生存的技能，掌握识图用图本领、能按图行进，了解无线电测向运动。

第八章　战备基础

战备是部队为及时应对可能发生的战争或突发事件而在平时进行准备和戒备的活动。士兵作为部队的主体，担负着作战和应付突发事件的各项任务，必须牢固树立战备观念，了解战备常识，搞好战备的各项训练，时刻保持良好的战备状态，以保证一旦遇有紧急情况能在最短的时间内准备好，能以最快的速度投入战斗，并能圆满地完成任务。

第一节　战备规定

战备工作是军队全局性、综合性、经常性的工作。做好战备工作，提高战备水平，是有效应对多种安全威胁、完成多样化军事任务的重要保证。战备规定的内容主要有职责、日常战备、等级战备、战场建设、检查考核和奖励与处分等。士兵要重点掌握日常战备和等级战备中的相关内容。

一、日常战备

日常战备主要包括战备教育、形势任务研究、战备计划、战备值班、节日战备、请示报告、人员和战备物资管理、指挥信息系统管理、战备设施建设、战备演练十项内容，新兵训练阶段主要掌握战备教育、节日战备及人员和战备物资管理等内容。

（一）战备教育

各部队通常要结合形势和任务对所属人员进行经常性的战备教育。战备教育由政治机关组织，纳入政治教育计划统一安排；支队以上机关每季度，大队、中队、单独执勤排（班）每月至少进行一次战备教育；节日、敏感时期和部队

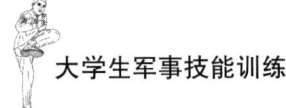

执行任务前应当进行针对性战备教育。

战备教育通常包括以下三项内容：

①进行职能使命教育，培育当代革命军人核心价值观，打牢完成任务的思想基础。

②进行形势任务、政策法规和反渗透、反心战、反策反、反窃密教育，克服松懈麻痹思想，增强战备意识，保持常备不懈。

③进行爱国主义和革命英雄主义教育，强化战斗精神，培养英勇顽强的战斗意志和战斗作风，坚定必胜信心。

（二）节日战备

各级在元旦、春节、国际劳动节、国庆节应当组织节日战备。节日战备的时限自节日假期前一日的 18 时起，至节日假期结束后一日的 8 时止。

节日战备前，部队应当组织战备教育和战备检查。战备期间，各级应当保持规定的人员在位率和武器装备完好率（在航率），加强战备值班、社会面巡逻防控和执勤目标安全警戒。担负战备值班任务的部（分）队要做好随时出动执行任务的准备。节日战备结束后，各级于节日假期后一日 18 时前向上一级报告节日战备情况。

二、等级战备

等级战备是部队为准备执行作战任务，或者情况需要时，根据上级命令进入的高度戒备状态。等级战备按照戒备程度由低级到高级分为三级战备、二级战备、一级战备。

三级战备是部队主要依托营区现有人员、装备、物资等完成行动准备的戒备状态。部队完成三级战备等级转换后，营区以及附近人员收拢完毕，装备保持良好状态，战备物资补充到位，能够随时按照命令规定的时限出动执行任务。

二级战备是部队按照现有实力达到齐装、满员，完成行动准备的戒备状态。部队完成二级战备等级转换后，现有人员收拢完毕，装备、战备物资发放到位，能够随时按照命令规定的时限出动执行任务。

一级战备是部队完成一切临战准备的最高戒备状态。部队完成一级战备等级转换后，一切行动准备全部就绪。

士兵按命令进入等级战备后，应按照规定保持装备完好和人员在位，保证可以随时遂行各种任务。

部队一旦进入战备等级状态，每一名士兵必须做到以下几点：

①严格遵守保密规定,不泄露部队行动的秘密。
②外出探亲人员接到上级的通知后要迅速归队。
③服从命令、听从指挥,按上级的命令完成各项工作。
④提高警惕,坚持在岗在位,保持良好的战备状态。
⑤进一步落实战备计划,随时做好出动准备。

第二节　紧急集合

紧急集合是部队或分队在紧急情况下,迅速聚集人员并按规定携带装备物资的应急行动。例如,发现和遭到敌人的突然袭击时;受到火灾、水灾、地震、台风等自然灾害威胁时;上级赋予紧急任务或发生重大意外情况时等。

士兵一般是根据上级的紧急战备号令实施紧急集合。士兵一旦接到紧急集合的信号或命令后,应立即着装和整理携行器材与携带武器(警棍、盾牌)装具,迅速到达规定地点集合。

一、着装

新兵紧急集合着装,通常着当季作训服,戴作训帽,扎编织外腰带,穿作战靴,带水壶、挎包。携带自动步枪训练时披子弹袋、不扎编织外腰带。

夜间紧急集合时,士兵应迅速起床,按照帽子(冬季戴皮、棉帽时,披装后再戴)、上衣、裤子、袜子、作战靴、制式外腰带、水壶、挎包、子弹袋(披子弹袋时不扎制式外腰带)的顺序(双层床上层的士兵待整理完携行生活器材后再穿鞋子)进行着装穿戴。

二、整理携行器材

(一)没有装备单兵携行具时

新兵训练如没有配备单兵携行具时,按规定着装后应迅速打背包,背包宽30～35厘米,竖捆两道,横压三道。米袋捆于背包上端或两侧;雨衣、大衣通常捆于背包上端,大衣袖子捆于背包两侧;鞋子横插在背包背面中央或竖插两侧(图8-1)。如需携带锹(镐)时,应将锹(镐)竖插在背包背面中央,头朝上。

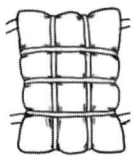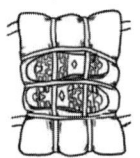

图 8-1　背包

（二）装备有单兵携行具时

装备有单兵携行具时，通常按应按以下顺序进行。
① 迅速结合背架。
② 按规定将物品分别装入主囊、侧囊和睡袋携行袋。
③ 组合背架和军需装备携行具。

三、装具携带

紧急集合按战斗着装，携带装具应根据当时部队所处的战备等级状态而确定，通常分为全副武装紧急集合和轻装紧急集合两种。全副武装紧急集合时，人员负荷量、携行装备和器材均按战备方案和上级的规定执行。轻装紧急集合通常不背背包（或携带单兵生活携行具），以提高部队的快速机动能力。

装具通常按照"战斗装具左肩右胁，生活装具右肩左胁"的原则携带。

（一）全副武装

戴防弹头盔（防暴头盔），带好防毒面具和急救包（携带防暴器材时应携带 1 枚防暴弹），背单兵携行具或背背包；携带手中武器（警棍盾牌）（图 8-2），必要时可着防弹背心（防暴服）。

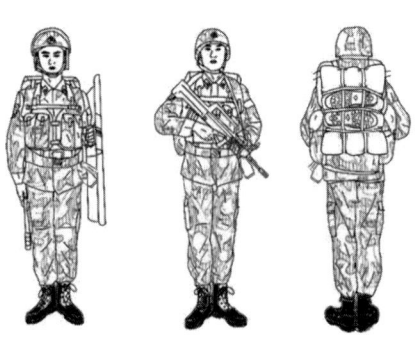

图 8-2　全副武装

（二）轻装

不背单兵携行具或不背背包，其他装具携带同全副武装（图8-3）。

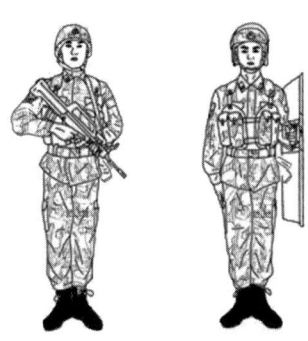

图8-3　携带武器或防暴器材

四、集合

士兵披装完毕后，迅速跑步到班集合地点，向班长报告。全班到齐后，班长带领全班迅速赶到排集合场，并向排长报告。

士兵在紧急集合时要做到迅速、肃静、确实、完整、安全、便于行动。这就要求每名士兵在平时应按规定放置武器、弹药、装具和衣物，这样在紧急集合时就便于拿取和穿着，行动才不会慌乱。

第三节　徒步行军

在遂行任务时，由于任务现场（战场）流动性增大，为争取主动，避免被动，士兵经常在上级组织下实施徒步行军。

徒步行军是以步行方式实施的行军，通常在行军距离较近、输送工具不足或没有输送工具的情况下，以及地形不便于实施摩托化行军时采用。徒步行军对士兵的意志和体能是一个考验。无论是刮风、下雨，无论是山地、沼泽，也无论是酷暑、严寒，只要作战需要，均要实施徒步行军。

一、徒步行军的基本常识

徒步行军的优点在于它目标小、分散快、易指挥、组织简便、利于隐蔽、受地形限制小。其不足之处是速度慢、体力消耗大。

徒步行军，常行军乡村路为每小时 4～5 千米；山地为每小时 3～4 千米。急行军时，乡村路时速为 8～10 千米。

徒步行军时，通常开始行军后 30 分钟小休息一次，而后每行进 50 分钟小休息一次。小休息时间通常为 10 分钟（第一次小休息时间可稍长）。休息时，士兵应靠路的右侧（也可在路的两侧），面向路外，放下背包，解开鞋带使脚放松，但武器、装具不能离身。大休息通常在走完当日行程一半以上进行，休息时离开道路，进入指定地域休息，时间通常为 2～3 小时。大休息时，可以就餐、补充饮水，治疗脚伤，注意武器、装具的安全管理（图 8-4）。

图 8-4　行军大休息

二、徒步行军应注意的问题

士兵在行军过程中应按照正确的行军要领，坚决服从班（组）长的指挥，灵活处置各种情况，确保按时迅速到达目的地。

①士兵徒步行军应按照全副武装或轻装的规定携行有关装具。

②行军前，士兵应检查所带装具是否齐全，佩带是否牢固，尤其是要仔细检查鞋袜是否合适，以避免行军中脚打泡。

③行军过程中，应均匀呼吸，全脚掌着地，调整好步幅，保持正常的行军速度。

④行军掉队时，应大步跟上，尽量不要跑动，以节省体力，体力好的士兵要主动帮助体力差的战友，搞好体力互助。

⑤小休息时，士兵应就地休息，及时调整体力，不要乱走动，并按要求处理脚上打起的血泡。

⑥行军中,士兵要以灯光、旗语、音响、手势等简易信号以及运动通信等手段传递口令,保持通信联络。

⑦遇敌空中火力袭击时,士兵应就近利用地形进行防护。接到敌核、化学武器袭击警报时,人员迅速穿戴防毒面具和防护衣罩,就地隐蔽防护。警报解除后应迅速抢救伤员,检查武器装备,恢复行军序列。

⑧当道路、桥梁遭敌破坏或者遇到难以通行的地段时,应按命令绕行,无法绕行时,应及时报告上级。

⑨在夜间、雨天、山地、水网稻田地、沙漠、雪地等一些特殊环境和地形条件下徒步行军时,士兵要根据特殊环境和地形的特点及当时的具体情况,按命令进行必要的物资器材准备,特别是一些辅助器材,如照明器材、绳索、木棍等。

⑩行军中要注意紧跟队伍,不要掉队;无论遇到什么样的情况都要及时报告;要发扬不怕苦、不怕累的精神,坚决走到目的地。

第九章　野战生存

野战生存是指在食宿无着的特殊环境中生存与自救的活动。部队遂行任务的残酷性、复杂性和艰巨性增加了班、组等小分队脱离主力部队而独立完成战斗任务的可能性，士兵随时都有可能在食宿无保障的特殊环境中生存和战斗。了解和掌握野战生存技术，对于贯彻保存自己、消灭敌人的军事原则和部（分）队完成战斗任务具有十分重要的意义，也是现代条件下遂行多样化任务对部（分）队提出的基本要求。因此，士兵必须学会野战生存的方法与技能。

第一节　识别与采集野生食物

在各种野生植物里大部分野生植物均可食用，有毒的植物种类不多，数量有限，其鉴别方法：一是根据可食野生植物的图谱认真鉴别；二是向有经验的士兵或当地居民了解；三是仔细观察动物采食的情况，一般情况下，动物吃过的植物对人体无害，但是鸟类可食用的植物，人不一定能食用。

我国常见的野生可食植物分为淀粉类、野果类、野菜类、蘑菇类和海藻类。

一、淀粉类

淀粉类野生可食植物主要有以下几种：

①白蔹（山地瓜）。产于我国北部、中部和东部，生长在荒山坡小树林下、草地及田埂旁。形态像葡萄藤，有纺锤性根块；叶掌状3～5厘米全裂，裂片形状颇多变化，叶轴有两翅；夏季开小花，呈黄绿色，聚伞花序；浆果大如豌豆，初蓝色，后变白色；其根块含淀粉和葡萄糖，可采集食用（图9-1）。

②芦苇（石根草、芦嘴子、苇子）。其分布遍及我国温带地区，生长在沟边、河沿、道旁及比较阴湿的地方。地下有粗壮的根茎，叶片呈广披针形排列成两行，

夏秋开圆锥花，序长 10～40 厘米。分枝稍伸展，小穗含 4～7 朵小花。其根部和嫩芽可食用（图 9-2）。

③稗（败子草、野败）。其生长在田边沼泽地和水稻田中，一年生草本植物。秆直立光滑，叶片线状披针形，圆锥花直立开展，颖果小，椭圆，干滑光亮，尖端是小尖头。夏季可采种子，碾去外皮煮粥吃（图 9-3）。

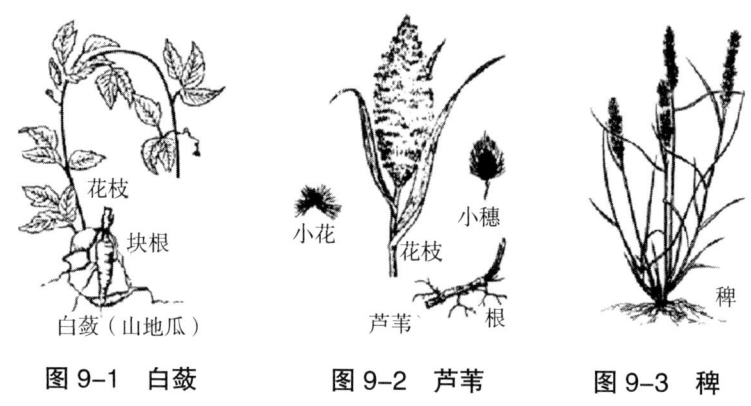

图 9-1　白蔹　　　　图 9-2　芦苇　　　　图 9-3　稗

二、野果类

野果类野生可食植物主要有以下几种：

①茅莓。其分布于全国各地，生长在山坡灌木丛中或路旁向阳处。攀援状灌木形态，在枝和叶柄上生有毛和钩状小刺，叶为羽状复叶。小叶 3～5 片，近圆形，边缘有不整齐的深齿缺，密生短毛。花单生在叶腋和树顶，总梗有稀疏的刺，花瓣粉红色，倒卵形，小核红色，果球形，核有深窝孔。可食用果实及嫩叶，7～8 月果实成熟，味酸（图 9-4）。

②沙棘。其分布于华北、西北、西南地区，常成丛生长在河岸的沙地或沙滩上。有刺灌木形态，果实为核果，卵形或近圆形，多汁，金黄色或橙黄色，许多个密生在一起，紧贴树梢上。9～10 月果实成熟可生食，味酸而甜（图 9-5）。

③胡颓子。其分布于山东、辽宁、河南、江苏、福建、广东、湖南、四川等地，生长在山坡及空旷的地方。灌木形态，有刺，高 2～4 米，幼枝褐色，叶子为椭圆形或长圆形，尖端稍长，边缘波状常卷皱，花为银白色，1～3 朵生于叶腋，常向下垂，果皮开始为褐色，成熟后微发红，内包一椭圆形的硬核，可生食果实（图 9-6）。

另外，有些野果如野山梨、野栗子、榛子、松子、山核桃等，是比较容易识别的。

| 图 9-4 茅莓 | 图 9-5 沙棘 | 图 9-6 胡颓子 |

三、野菜类

野菜类野生可食植物主要有以下几种：

①苦菜。其生长于山野和路边，茎高 0.6～1 米，叶互生，周围有小刺，近根处叶窄，色绿，表面呈灰白色，断面有白浆，茎叶平滑柔软，夏季开黄色头状花。3～8 月可采其嫩茎叶洗净生食（图 9-7）。

②蒲公英。其生长于田野中，高 10～20 厘米，叶缘为规则的羽状分裂，色鲜绿，花茎从基部生出比叶稍长，上部密生白色丝状毛。3～5 月可采食嫩叶，5～8 月可采花煮汤（图 9-8）。

③蕺菜。其别名鱼腥草，生于水沟边、渠岸、池边及阴湿地。嫩幼苗可作蔬菜吃。茎上部直立，下部匍匐，节上生须根并有褐色鳞片。叶为心脏形，尖端渐尖，上面为绿色，下面带紫色（图 9-9）。

另外，野菜中蕨菜、扫帚菜、灰灰菜等，遍布全国，容易识别。

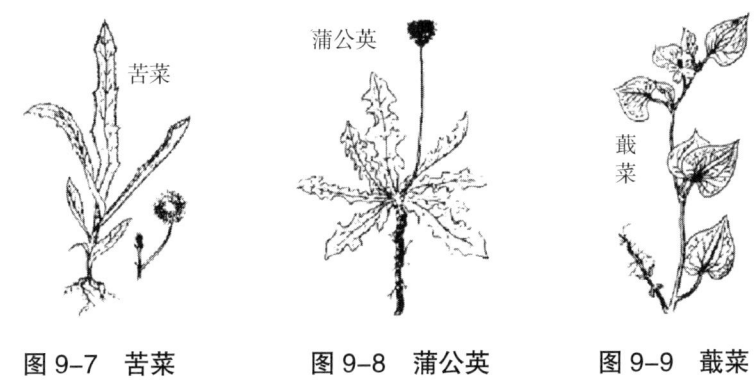

| 图 9-7 苦菜 | 图 9-8 蒲公英 | 图 9-9 蕺菜 |

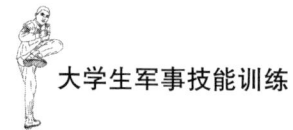

四、蘑菇海藻类

由于目前还没有完全可靠的方法鉴别蘑菇是否有毒。因此，采食蘑菇时一定要慎重。可以参照有关的蘑菇图谱先鉴别蘑菇，或仔细观察蘑菇上被野兽或昆虫啃咬过的痕迹，记住这种蘑菇的形状，供以后采摘时参考。

海藻生长在海边礁石上或漂浮在海水中，海藻一般无毒。常见的有紫菜、红毛菜、角叉菜、鸡冠菜、裙带菜等。采食海藻应选用海水中新鲜的海藻，海滩上的海藻常常因为脱离海水而腐败变质，不宜食用。

第二节 寻找水源和鉴别水质

寻找水源是野战生存中重要的行动之一。士兵在到达某一地后，在情况许可时，应尽快组织寻找水源。水是生命之源，所有的生物都离不开水。通常情况下，一个正常人没有食物可以活 10 余天，但没有水 7 天就有生命危险，水是人生存的第一需要。因此，在缺水的情况下，首先应计划使用所带饮水。最初可以不喝水，或者仅湿润口腔、咽喉。当然，也不要勉强忍耐干渴，以致使身体出现失水症状。喝水要得法，应该"少量多次"。试验证明：一次饮 1000 毫升水，380 毫升则由小便排出，假若 10 次喝，每次 80～100 毫升，小便累计才排出 80～90 毫升，水在体内就能得到充分利用。通常人每昼夜喝水不少于 500～600 毫升，这在 5～6 天内对人体不会发生有害作用。在实在无水的情况下，小便也可以应急解渴。

此外，应积极寻找饮用水，以弥补对水的长远需要，千万不要等到水已用完才想到去找水。

一、寻找水源的方法

（一）寻找地下水

俗话说，人往高处走，水往低处流。寻找水源首选之地是山谷底部。如谷底没有明显的溪流或积水池，要注意绿色植物的分布带。一般植物茂盛、动物经常出现的地方，容易找到浅表层水源。茂盛的芦苇表示地下水位于地表下 1 米左右；喜湿的金戴戴、马兰花等植物下面半米或 1 米左右就能找到水；在南方雨水充沛，根深叶茂的竹林下就有浅层水。另外，蚂蚁、蜗牛、青蛙、蛇等动物喜欢在泥土潮湿的地方做窝栖身，在这些地方向下深挖通常可以找到水。

（二）寻找植物中的储水

山野中有许多植物可用解渴，如北方的黑桦、白桦的树汁，山葡萄的嫩汁，酸浆子的根茎；南方的芭蕉茎、扁担藤等。在北方的初春，只要在桦树干上钻一个深3～4厘米的小孔，插入一根细管（可用白桦树皮制作）就可通过细管流出汁液，汁液可立即饮用（因白桦树汁液在空气中很快就会发酵）。西南边疆密林中的扁担藤，长5～6米，缠绕在树干上，藤面呈灰白色，叶色深绿，呈椭圆形，砍断藤干后就会流出可供饮用的清水。在热带丛林中有一种储水竹子，生长在山沟两旁，直径约10厘米，竹节长约50厘米，砍时应先摇摇竹竿，无水响的竹子不必砍，有虫眼的竹节也不能要，竹节内的水既卫生还带有一股淡淡的竹香。

（三）采集地表水或雨水

在找不到其他饮用水的情况下，可以在清晨采集植物枝叶上的露珠。方法是将塑料布或雨布铺在草丛下面，摇晃草叶，使露水一滴滴落下，积少成多，可解干渴之急。下雨时，可在地面上挖坑，铺上塑料布或雨布收集雨水，也可用其他容器接雨水。

二、净化水质的方法

一般情况下，有强烈异味的水是不宜饮用的，遇到水质浑浊有异味、水质较差的情况，首先应辨别水中是否含有有毒腐败的物质，最好进行净化处理后再饮用。其方法主要有以下几种：

（一）药物净水

使用"69-1型饮水消毒片""漂白粉精片"处理浊水，可起到澄清灭菌作用，使用明矾可使浊水变清。

（二）植物净水

将一些含有黏液汁的植物，如仙人掌、榆树皮等捣烂成糊加入浊水中，搅拌3分钟，再沉淀10分钟，可起到净水作用，通常15公斤水可用4克植物糊净化。

（三）过滤水

将竹节一端堵节去掉，在另一端堵节上钻一个小孔，竹节内从下向上依次放入较干净的石子、沙、土、木炭等碎块做成过滤器，将浊水缓缓倒入竹节，小孔就能流出经过过滤的水。使用消毒片、漂白粉净化的水可以直接饮用,由其他方法取得的净水应煮开消毒后方能饮用。

(四)海水的淡化

在海边,如没有离子交换树脂脱盐剂,可以用锅煮海水来收集蒸馏水的方法使海水淡化。煮海水时,在锅盖内侧贴上毛巾,将蒸馏水的水珠吸附在毛巾上,然后再拧在大贝壳或其他容器内。这样反复制作就可得到所需要的淡水。冬季,可将海水放在一个容器中冻结。当海水结冰时,大部分溶解在水中的盐分就会结晶而出水,因此冰块基本上是淡化的,而将未结冰的水,即浓盐水在锅里加热,熬干后可得结晶盐,再展于纸上,除去杂质,即得食盐。

(五)沙漠水淡化

我国西北地区的大片沙漠戈壁中在有植物的地方,通常深挖4～5米即有浅层地下水。水经沙层过滤,一般清澈透明,但因地下水大量蒸发浓缩而成的盐碱水不能饮用,如无离子交换树脂脱盐剂,则可用上述海水淡化的方法处理后饮用。我国西北沙漠地区的居民常用当地的地椒草处理苦咸水。在1公斤含矿物质0.37%～0.72%的苦咸水中加入0.1～1.9克的干地椒草同煮,虽然不能除去苦咸,但可以防止发生腹痛、腹胀、腹泻。在有湿沙或苦咸水的地方,可以用简易的太阳蒸馏器取得淡水。该方法是挖一个直径1.5米、深1米的沙坑,上面盖一层透明塑料膜,四周用沙子或石头固定,中间放上一块小石子,使塑料膜成一倒圆锥体。在这个圆锥体下面预先放一个接水容器。阳光透过塑料膜使沙坑中的水分蒸发,水蒸气遇到塑料膜凝结成水滴,顺着圆锥体的顶端滴入容器内。这种方法每天可以获得蒸馏淡水1.5升左右(图9-10)。

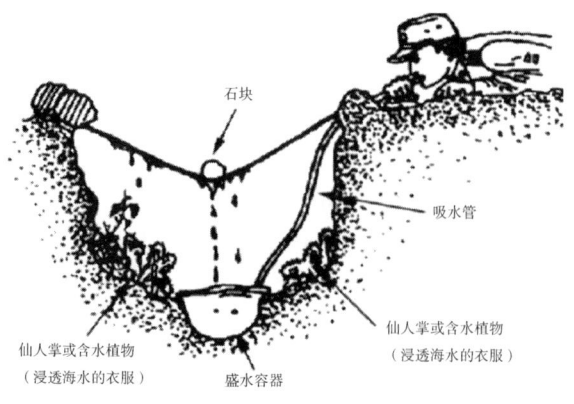

图9-10 沙漠水淡化

第三节　野炊

士兵为了生存和保持体力，必须想办法将采集到的动、植物做熟食用。但由于受野外较艰苦环境条件的限制，只能通过一些简便的野炊方法实施。

一、用罐头盒、钢盔等烹煮

在野外可以用石头做架，或用铁丝吊挂铁盒、钢盔等物，用火加热，烹煮食物、烧开水等。

二、用铁丝、木棍烧烤

可将食物穿、插、缠、裹在铁丝或木棍上，放在火中或火边烧烤熟化。

三、用小铁锹、石板或石块烫烙

用火在小铁锹底部加热，将切成薄片的食物在上面烙熟。也可用火将石板烧烫以后，将食物切成薄片放在上面烙熟食用。

将若干拳头大小的石块放在火中烧热，用棍将一部分石块拨到一个40厘米深的土坑内铺一层，石块上铺大树叶，放上食物，上面再铺一层树叶，将剩下的热石块铺在树叶上，然后再铺上厚厚的树叶压住，三四个小时之后即可取食。

四、用黄泥裹烧

用和好的黄泥在地上摊成一个3厘米厚的泥饼，上面铺一层树叶，将野鸡或野兔、鱼等食物除去内脏，不脱毛、不褪鳞，放在泥饼上，用泥饼将食物包裹成团，放在火中烧两个小时即可食用。食用时，兽毛或鱼鳞将会被沾在泥块上而随之脱离。

五、用竹节煮饭

选粗壮的竹子砍倒，每2～3节竹筒砍成段，将竹节的一端打通，将米和水灌入竹节里，米约占2/3，然后将竹节放在火中烘烤，约40分钟可做成熟饭。

第四节 露营

充足的睡眠和休息是人的基本生理需求。士兵只有通过休息才能保存和恢复体力、精力，才能生存和战斗。

一、露营位置的选择

要想休息好，选择合适的露宿位置就显得尤其重要。

山地露宿时，通常选择在避风、防汛、无山崩、无塌方的山坡上或谷地、峡谷的高坡上，要尽量靠近水源，并注意保持环境卫生和防止水源污染。冬季要避开有雪崩的危险地段，夏季要注意防洪和山体滑坡。

沙漠、戈壁、草原地露宿时，应尽量选择在绿洲或有水源的地区。搭设帐篷时，应避开风口，避开沙丘的迎风面，帐篷应尽量低下，多设固定桩和拉索，用沙土或雪将帐篷布脚埋实压紧，以防被风吹拔。根据不同的地形和季节，注意防洪水、暴风沙（雪）、泥石流等。

酷暑条件下露宿时，应选择在干燥、通风的缓坡上，避开大树、陡崖峭壁，以防雷击塌方。搭遮棚或帐篷时，周围要挖排水沟，铲除杂草，必要时，撒些草木灰，以防毒蛇、毒虫。注意不要成片砍伐草、木，以保护天然伪装。

高寒地区露宿时，应选择在背风的地方。为防止冻伤，通常采用搭帐篷、草棚、挖雪洞、堆雪墙、堆雪房等方法。有条件时还可在棚舍中燃火取暖，但必须防火灾和一氧化碳中毒。睡觉前应用雨布（衣）、干草等隔潮材料铺设地铺。睡觉时，应注意避风和保暖。

二、露营的方法

露宿时，通常用制式器材和就便器材架设帐篷或搭草棚，但不得成片砍伐树木，破坏天然伪装。帐篷、草棚周围要挖排水沟。对不宜搭设帐篷的高山区，可构筑地窖式简易掩蔽部。

（一）屋顶型帐篷

将绳子拴在两棵树之间拉紧形成脊线，或用锹柄、木棍等物作为支柱，用背包带连接两个支柱顶端，两端延长斜拉固定在地桩上形成屋脊样式，将雨布等搭在脊线上形成两个屋顶坡面，坡面底边用石块压牢即成（图9-11）。

图 9-11 屋顶型帐篷

(二) 单坡面帐篷

利用断墙等将雨布的一边固定在墙或坎上,另一边固定在地面上,雨布即可形成单坡面帐篷(图 9-12)。

图 9-12 单坡面帐篷

(三) 遮棚

在林中过夜,可以就地取材搭制临时遮棚。遮棚分单坡面遮棚和丛林遮棚两种。

① 单坡面遮棚。先挑选和制作 3 根直径 4 厘米,长 2 米的木棍作为檩杆,选用 5 根直径 3 厘米,长 1.5 米的树棍作为椽子。各檩杆之间间隔取 0.5 米,椽子之间取等间隔用绳子绑牢。将脊檩靠在两棵树上成为单坡面框架,然后将带叶的小树枝扎成把,像铺瓦一样一把一把重叠着挂在檩杆上,挂满后即成单坡面遮棚。

②丛林遮棚。根据遮棚的面积打 4 根直径 10 厘米，高 2 米左右的立柱，在立柱离地面 40 厘米处，两个对边上绑两根直径 10 厘米横杆作为底架，底架上密铺直长的树杆做地板。然后向上每隔 40～50 厘米绑横杆，以便于挂雨布或树枝做遮墙，顶部平铺雨布做顶，即成为丛林遮棚。

（四）吊床

夏季丛林中，露宿时间短时可采用吊床。吊床制作很简便，帆布、伪装网都可以制作。吊床两端拴在两棵树上，上面再拉一根绳子，搭上方块雨布，四角用绳子系牢便成为一个防水遮阳的帐篷（图 9-13）。

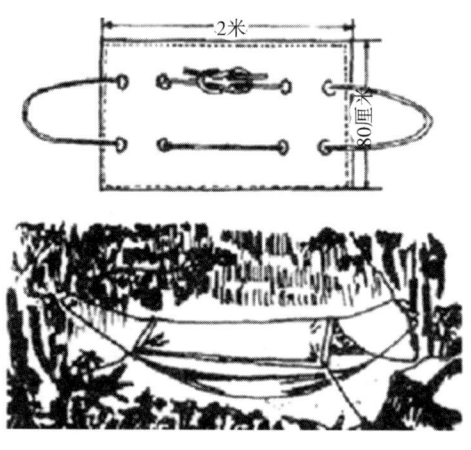

图 9-13　吊床

（五）猫耳洞、雪洞

猫耳洞一般在土质较好的沟壕或土坡的侧壁上挖掘，似猫耳形状，洞口开设在向阳背风的方向。

在积雪较厚的寒区，还可以挖掘雪洞。雪洞应选在积雪较厚的地方，通常积雪 1.5 米以上即可直接开口构筑，积雪较薄的地方，可以将雪堆积起来后开口构筑。雪洞一般不易过大，以防坍塌。洞口呈拱形，开在避风之处，进出通道可根据情况掘成水平式或倾斜式。洞掏好后，可用雨布封闭洞口保温，但须留一通气孔防止窒息。洞内要留一把铁锹或刀，用于雪洞坍塌或风雪封堵洞口时自救（图 9-14）。

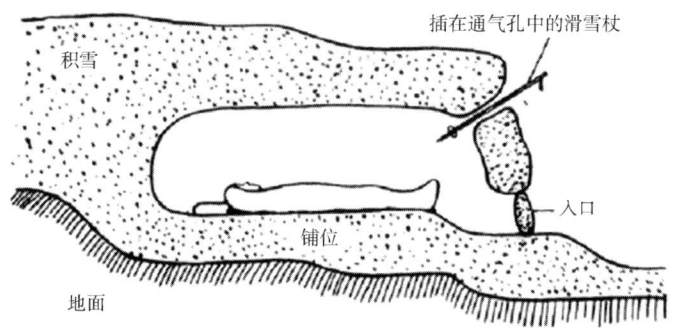

图 9-14 雪洞

第十章　心理行为训练

心理行为，亦可称之为行为，是指人或动物对刺激所做的一切反应。心理行为训练是运用心理学的基本原理，按照一定的方法和步骤，有目的、有计划地对官兵的心理施加影响，培养官兵良好心理素质的活动。其目的是使官兵的心理能够适应多样化任务的需要，增强集体凝聚力，提高部队战斗力。在大学生军训中心理行为训练可以作为课间休息时的活动内容之一。

第一节　士兵心理素质构成要素

军人心理素质是军人在长期军事活动中各种心理因素积淀的结果，是军人的个性品质、心理能力、心理动力、心理健康及军事活动行为水平与质量的综合体现，是构成部队战斗力的重要因素。

军人心理素质可划分为个性、能力和动力三个维度。

一、个性心理品质

军人个性心理品质主要是指军人在日常生活和军事活动中所展现出来的。经常的、稳定的心理特征，反映了个体之间不同心理行为特征的差异性。其所包含的要素主要是敏捷、自信、勇敢、信任等。

（一）敏捷

敏捷主要反映的是军人在战场环境下，面对复杂情况的快速认知、快速反应，包括敏锐的观察习惯、快速的思维特质以及灵巧的动作反应等。

（二）自信

自信是军人对自身力量的一种确信，反映的是个体在自我体验过程中对自身优缺点的客观评价。

（三）勇敢

勇敢是指军人不怕危险与困难，敢于冒险、勇于挑战的心理品质。勇敢是构成军人性格的第一要素，是一种震慑敌人的强大精神力量。

（四）信任

信任是指军人以过去的经验为根据，对他人的行为做出肯定预测的心理品质。信任是团队沟通与协作的前提和基础。

二、基本心理能力

军人的基本心理能力是指军人能够顺利完成任务所应具备的个性特征。包括感知能力、思维能力、压力管理能力、团队合作能力。

（一）感知能力

感知能力是指军人个体对作用于感觉器官的客观事物进行及时反应的能力。它在军人心理能力素质中处于基础的地位，是军人最基本的心理能力，主要包括观察力、注意力、反应力、记忆力。

（二）思维能力

思维能力是指军人对相关情况进行分析、概括和判断的能力。严密的思维能力是军人进行正确判断、做出正确决策的心理活动基础，主要包括分析力、判断力、决策力、创造力。

（三）压力管理能力

压力管理能力是指军人对由环境、任务以及内心冲突等因素造成的心理压力进行合理适应、调节和控制的能力，主要包括适应力、承受力、调控力。

（四）团队合作能力

团队合作能力是指军人对个体与个体之间、个体与集体之间的关系进行协调控制的能力。其对于维护团结、和谐的内部关系，增强军人集体凝聚力具有重要作用，主要包括沟通力、协作力。

三、心理发展动力

军人心理发展动力是指军人个体以促进心理发生积极心理变化为目标、激发和维持个体积极向上的行为活动的内在心理过程，主要由需要和动机决定。

（一）需要

需要是由生理上或心理上的缺失或不足引起的一种内部紧张状态，是个体活动积极性的源泉。需要是人对客观事物的需求在头脑中的反映，是个体对自身与环境的依存关系的反映，主要包括归属、尊重、责任、价值。

（二）动机

动机是引起并维持人们从事某项活动，以达到一定目标的内部动力，是直接推动个体活动的动力，主要包括荣誉、信念、忠诚、奉献。

第二节　个体心理训练

心理行为个体训练是运用心理学的基本原理，按照一定的方法和步骤，有目的、有计划地对官兵个体心理施加影响，培养官兵良好心理素质的活动。

一、心理放松

紧张、严格、高强度的军事训练，以及相对封闭的军营生活，容易使一些官兵出现紧张、烦闷、焦虑、恐惧等情绪失调以及头痛失眠等生理状态。放松训练就是通过肌肉松弛的练习来达到缓解与消除心理紧张的目的，一般分为身体放松和精神放松。简便易行的放松训练主要有以下几种。

（一）深呼吸放松法

找个地方舒服地坐好，身体后靠并伸直，解开束腰的皮带及衣物，将右掌轻轻置于肚脐上，掌心向下，五指并拢，开始慢慢吸气，到达极限后保持两秒钟再慢慢呼气。多练习几遍，直到呼与吸都到位之后，再利用计时的方式练习慢呼吸。

（二）张弛肌肉放松法

肌肉放松是一种深度放松，就是先紧张后放松，在感受紧张之后再充分地

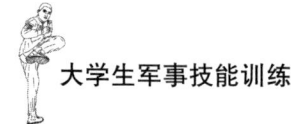

体验放松的效果,从上到下,依次分别进行。

(三)想象放松法

该方法运用身体各种感官对一些安宁、舒缓、愉悦情景的想象,以达到身心放松的效果。

二、心理暗示

心理暗示是指用含蓄、间接的方式,对人的心理和行为产生影响。自我暗示是依靠思想、语言向自己发出某种指令,以影响自己的情绪和意志的行为,目的是自己通过言语或想象使自己的身心机能发生变化。一般方法是用不出声的内部语言默念进行,也可以通过在无人处大声对自己呼喊的方式来加强效果,还可以将提示语写在日记本上、条幅上,贴在墙上、床头,压在玻璃板下等,以便经常鞭策自己,从而获得良好的自我暗示效果。自我心理暗示时应注意以下几点。

①自我暗示的时间应选择在大脑皮层兴奋性降低的状态下进行,如早晨刚醒、中午午休和晚上入睡前进行,效果较好。

②暗示的过程中尽量运用想象。

③选择积极的、能促使人身心健康的暗示内容。

④努力达到松弛状态。

⑤要相信自我暗示的奇妙作用,并要在平时反复练习。

三、心理应激

心理应激是指出乎意料的紧张与危急情况所引起的、高度紧张的情绪状态,是人对意外的环境刺激做出的适应性反应,它具有偶发性和紧张性的特点。

官兵在应激状态下通常有两种表现:一种是活动受到抑制或完全紊乱,甚至可能发生感知和记忆的障碍,突如其来的刺激可能使官兵做出不适当的反应,如惊恐发呆、身体僵直或突然晕倒、嚎叫、手足失措等;另一种是多数官兵在一般的应激状态下所表现出来的情绪状态,即能调动各种潜力,使心理活动兴奋起来,以应付紧张的情况。这时,思维特别清晰、明确,行动有力。开展应激性心理训练应注意以下几点。

①避免、减少或调整压力源,比如少接触道听途说和刺激的信息。

②降低紧张度,如和有耐性、安全的战友谈话,或找心理专业人员给予协

助和指导。

③太过紧张、担心或失眠时，可在医生建议下用抗焦虑剂或助眠药来协助，其具有较快安定的效果。

④近期少安排一些事务给自己，一次只处理一件事情为宜。

⑤不要孤立自己，要多和战友、同事或心理辅导团体的成员保持联系，和他们谈感受。

⑥规律运动、规律饮食（尤其青菜、水果）、规律作息，照顾好身体。注意这段时间免疫力容易变差，小心感冒。

⑦学习放松技巧，如听音乐、静坐或肌肉放松技巧。

第三节　团体心理训练

军人心理行为训练是适应军事活动对军人心理素质的要求，遵循军人心理素质发展变化的特点规律，运用心理学理论和方法，借助专门的器材手段，创设相应的环境和条件，设置特定的训练科目，指导军人完成一系列动作，强化心理体验，有效提高心理品质的训练活动。

一、组建团队

组建团队是将相互熟悉或不熟悉的人集合在一起，通过沟通交流建立信任和默契，共同完成任务的活动。其目的是通过建立团队，使人们了解团队的作用，增强凝聚力。

（一）分组

以班为单位（或者临时组合）进行训练，（可3～5个班同时开展）。

（二）器材准备

每班准备两张全开大白纸，水彩笔一盒。

（三）布置任务

①选队长：选一名队长，如果人数在15人左右，可再选一名副队长，队长人选不一定是现实中的领导者。

②取队名：为自己的团队起名字，不要带有政治色彩，不要带有攻击性，要符合团队的特质。

③设计队徽：队徽是队名的形象化展示。

④选择队歌：选择大家都熟悉的歌曲（也可自编），3～4句即可，要有激励作用。

⑤创立队训：为本队确定具有激励作用的队训，1～2句即可。

（四）操作方法

①各班围成一圈，席地而坐，在进行自我介绍以后，按照布置的任务推选队长、取队名、设计队徽、选择队歌、确定队训等。

②将各班集合起来，由队长指挥，依次展示队名、队徽。

③展示完毕后全体队员手拉手集体唱一遍队歌，喊一遍队训（图10-1）。

图10-1　组建团队

（五）基本要求

①充分调动每一名同志的积极性，鼓励大家主动参与。

②引导每一名同志认识个人成为团队成员的原因。

③活动应有竞赛性和趣味性。

（六）点评要点

1. 适应与人格的关系

一个人的适应过程与他的人格结构有很大关系。例如，性格外向、热情的人更容易主动地接触他人，比沉默、冷淡的人更容易适应环境；成熟稳重的人比情绪易激动的人更容易适应环境。

2. 个人成为团队成员的原因

个人通过团队可以增加力量感和安全感,可以获得归属感,满足自尊与成就的需要,增强自信。团队也要求每一个团队成员同心协力、步调一致,这样才能群策群力克服困难,最终获得成功。

3. 人际距离

通过训练,打破人际距离的坚冰,拉近团队成员的心理距离。

二、激励他人

激励他人就是以诚实的心态,用语言表达的方式鼓励他人,目的是善于发现他人的优点,学会赞美,增进相互了解,真诚待人。

(一)分组

以班为单位进行训练。

(二)布置任务

以诚恳的态度说出战友的优点及欣赏之处,发现战友的长处。

(三)操作方法

①全班围成半圆弧坐下,可由组织者或班长指定,也可用自愿的方式确定一位队员坐在弧形的中央面对大家,其他人轮流说出他的优点及欣赏之处(如性格、相貌、处事态度等)。

②每名队员说完激励的话以后,被激励的队员要谈谈自己的感受。

③每名队员轮流做一次(图10-2)。

图 10-2　激励他人

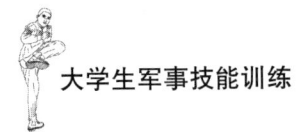

（四）基本要求

①以诚恳的态度和话语表达，不能毫无根据地吹捧。

②要努力去发现他人的长处。

③每名队员受到全班队友称赞后，首先要感谢全班队友对自己的鼓励，并说出哪些优点是自己以前察觉到的，哪些是不知道的。

④活动过程中要求严肃认真，不能开玩笑。

（五）点评要点

①激励他人是建立和谐人际关系和提升自信心的灵丹妙药。

②激励他人、接纳自我实际上是一个人际沟通的过程，是建立自我健康形象的过程。

③要了解他人的优点，发现自己的长处。

三、信任背倒

信任背倒是利用高台，采取背倒的方式使参训者在充分信任战友的情况下，融入团队中，体验安全感和归属感的一种训练活动。其目的是通过训练使受训者明确只有充分信任战友、融入团队，才能提高集体的战斗力。这项活动可以建立集体成员间的相互支持和信任，了解信任在集体中的作用，增强自信心、责任感和合作精神。

（一）分组

以班为单位进行训练。

（二）场地（器材）准备

高1.6米，长、宽各1米的正方形平台一个，扁带或软绳一根。

（三）情境设置

在一次实战演习中一名战士双臂受伤，返回营地途中需从一处又高又险的陡坡跳下，为保护这名战士手臂的伤势不进一步恶化，全体官兵经过商量决定让他采取背对大家倒下的方式从陡坡下来。此训练让每个参训队员模拟当时的情境，依次站在背摔台上背向大家，直体倒下，其他队员合力用双臂接住背摔队员。

（四）操作方法

①训练前，由班长介绍情景设置，讲明训练要求和注意事项。

②训练开始，班长和受训人员登上背倒平台相对而立，受训人员背对保护人员，两臂前举，两手交叉，掌心相对，十指交叉握紧，然后将双手向内翻转，抱于胸前，班长用软绳为其系上双手，防止在背摔过程中双手打开伤及队友。受训人员后倒时要始终保持双脚并拢、膝盖伸直、腰挺直、微微勾头、身体挺直的姿势。

③保护队员按身高情况两两一组，两两相对，组与组之间肩膀相靠。双脚成弓箭步状，左脚在前，膝盖内侧靠紧。手臂前平举，始终保证对方的一只手臂在自己的双臂之间，指尖搭在对方锁骨窝处，掌心向上、手臂伸直、肩膀挤紧。肩膀挤紧时，靠近背倒台的第一组向远离背倒台的方向挤，其他组与第一组挤紧。

④当受训人员准备好以后，班长要大声询问大家："大家准备好了吗？"全体队友集中注意力，大声回答："准备好了！"背摔台受训人员再大声告诉大家："我要倒了！"待大家回答："我们支持你！"之后，尽可能笔直向后方倒下。全体保护人员稳稳接住受训人员并保持3秒钟，同时大声给予其赞扬，然后先将其双脚放下使之安全站立（图10-3）。

图10-3　信任背倒

（五）基本要求

①保护人员在任何情况下都不可以撒手。

②随时提醒大家注意保护，纠正保护动作，一旦发现安全隐患，应立即中止训练。

③整个过程中要时刻注意保护人员的动作是否正确，精神是否集中。
④要注意保护背倒人员的头部和脚部。

（六）点评要点

①个人融入团队的必备条件：一要有良好的协作关系；二要对团队充满信任；三要积极参与团队活动；四要勇于承担责任。

②信任对团队合作的重要性：合作是团队最重要特征，而信任是团队合作的前提和基础。

③安全感与团队信任的关系：安全感是心理健康的基础，有了安全感才能有自信、有自尊，才能与他人建立相互信任的人际关系。

四、众志成城

众志成城是通过摆设造型的方式让受训者体验团结协作的力量的活动，目的是锻炼受训者整体抗挫能力，培养其在挫折面前不断总结经验教训、坚持到底的信念和精神，以增强团队创造性解决问题的能力，培养在失败和挫折面前永不放弃的坚定信念，体验团队合作和相互激励。

（一）分组

以班为单位进行训练。

（二）操作方法

①所有的队员围成一个大圆圈，手牵手连成一个整体。
②所有队员按相同的方向两手撑地。
③先将一只脚搭在后一名队员的背上，然后依次减少直至地上没有任何支撑脚，已经离地的脚不能再用于支撑身体。
④不管怎么摆造型，最终所有队员的身体必须连成一体，最后除了手之外，身体的任何部位都不能用于支撑身体（图10-4）。

图 10-4 众志成城

(三) 基本要求

①使整个团队参与到一个互助的活动中来。
②没有准备好之前不能同时离地。
③整个团队完成任务后，保持该造型移动 3 米。

(四) 点评要点

①突破脚是我们习惯的支撑点的思维定式。
②团队合作和相互依赖。
③挫折的心理反应。
④挫折的心理调适。

五、构建方阵

构建方阵是依据作业条件快速建构不同的阵形的活动，是考验一个团队在面临复杂任务时，能否很好地发挥每个成员的最大作用，以快速有效地解决问题，提高沟通和合作能力的活动。其目的是锻炼指挥员的领导能力，增强队员间的沟通能力。

(一) 分组

以班为单位进行训练。

(二) 器材准备

12 米和 6 米长的背包绳 2 根；与参训队员人数相等的眼罩。

（三）布置任务

要求在规定的时间内，用所提供的绳子，摆成一个标准的、尽可能大的正方形，然后全体队员尽可能均匀地分布在正方形的四边。

（四）操作方法

①先让大家手拉手站成一个圆圈，然后手放下。

②给队员发放眼罩，戴好后要求队员手拉手按顺时针、逆时针各转（公转）3圈，放手后再左右自转3圈。

③组织者把两条绳子分别给两名队员，但不要说给了谁。

④受训者自己发挥智慧完成任务。

⑤打开眼罩（图10-5）。

图10-5 构建方阵

（五）基本要求

①如果在项目进行中出现意外，比如绳子掉了，长时间没有人发现，可以提醒。

②移动的时候注意安全，速度不要太快，手臂在胸前呈自我保护状。

③项目结束后大家摘眼罩时要先闭眼，再摘眼罩，慢慢睁眼以免刺眼。

（六）点评要点

①目标对于集体的作用。目标是集体形成团队精神的核心动力。

②建立目标的意义。目标要明确、要系统，代表共同的利益和意志。

③语言沟通与非语言沟通。

六、人体战车

人体战车是以人为模拟部件组合成某一种模拟武器装备的活动，目的是为了树立班集体精神和奉献精神，培养队员快速思考、为班集体决策出谋划策、协同行动的能力。

（一）分组

以班为单位进行训练。

（二）布置任务

所有队员共同组成一件新式武器，每个人都应成为武器装备的一个组件，并且相互关联完成武器装备的功能（如大炮、坦克、舰艇等）。

（三）操作方法

①在规定的时间内，各班分头研究确定并摆好某一种武器装备造型。

②武器构造完成后，要能整体完成一些动作，要求全班协调动作，其中一个部件的运动，要能引起其他部件的相关运动，并能够整体连续运动3米，同时做出相关发射等动作和声音。

③武器构建时，只能有一名指挥员指挥完成动作，其他队员不允许讲话（图10-6）。

图 10-6 人体战车

（四）基本要求

①所有人员都要参与其中，成为武器的一个部件。
②观察有哪些因素有助于成功地完成项目。

（五）点评要点

①快速思考的能力。
②协同合作的精神。

七、生死关卡

生死关卡就是模拟设置一道十分危险的障碍，并快速通过的活动，目的是通过训练培养参训人员紧急情境时团队的密切协作和缜密思维能力，训练指挥员在时间紧迫条件下要有良好的组织协调和决断能力。

（一）分组

以班为单位进行训练。

（二）器材准备

用普通细绳、橡皮筋或被包绳织成模拟电网，其中包括大小不一的通道，要求比实际参加人数多2～5个通道。

（三）情境设置

在一次抓捕行动中，犯罪分子占据了一个四周有电网保护的宅院。小分队需要在规定时间内秘密潜入宅院，实施攻击计划。为了避免打草惊蛇，并根据侦察结果，小分队需要从一段相对疏松的电网处穿过方可顺利实施进攻计划。

（四）操作方法

受训者在电网一侧站立，依据任务和规则，发挥集体智慧自主完成任务。
①每个通道只可使用一次，已经通过的电网通道不可重复使用。
②任何人身体的任何部位，以及任何物品不得接触电网，一旦接触电网，此通道将会封闭，需要人员退回重新开始。
③不得借助任何工具（图10-7）。

图 10-7　生死关卡

（五）基本要求

①应时刻注意是否有可能导致事故的隐患，一旦发现立即纠正。
②注意观察操作人员在操作中的各种表现，避免违反训练目的的现象发生。

（六）点评要点

①个人与团队的关系。密切协作、目标一致、缜密计划和思维是团队成功完成任务的法宝。
②团队精神与成功。在团队作战中，生存的首要条件就是合作。
③高绩效团队四要素：团队核心、团队计划、个体潜能、大局观念。

八、紧急行军

紧急行军是在时间紧迫，环境受限的情况下，进行快速移动的活动，目的是通过训练帮助参训者意识到相同的行动和步调一致对于集体的重要性，培养默契配合、步调一致的团队精神。

（一）分组

以班为单位进行训练。

（二）器材准备

背包绳9条。

（三）操作方法

①全组队员站一列，用绳子将一人的左（右）腿与相邻队友的右（左）腿捆绑在一起，并迅速调整人员之间的距离至最佳。

②队员之间可以采取手挽手或者相互搭肩的方式，使全体队员成为一个整体。

③在进行过程中可以统一或者有一名指挥员喊出口令"一、二；一、二"，通过口令的频率使全班人员以最快速度前进30米（图10-8）。

图10-8 紧急行军

（四）基本要求

①为安全起见，绳的捆绑位置在脚踝上方十厘米处。

②在行动中，有人摔倒即定失败，要求重来。

（五）点评要点

一个团队要想取得成功，除了决策正确，领导得力，还需要大家的默契配合，步调一致。

九、战壕换防

战壕换防是在模拟战壕中要求队员在有限的条件下快速完成换防任务的活动，目的是使受训者在训练的过程中不断增强团队沟通能力和团队合作精神，体验竞争与合作的重要性，培养一种双赢思维。

（一）分组

以班为单位分成两组进行训练（最好是双数）。

第十章 心理行为训练

（二）场地准备（以10人为例）

在平整的地面，画上10个以上的空格，在正中间的空格上留一空位。

（三）情境介绍

我方两个小分队负责驻守我方某军事要地内战壕的任务，按照我方的规定，双方要在指定时间内进行换防，以便了解周围敌情，更好地为突发情况做好应急准备，为了防止在换防过程中出现漏洞，我方两个小分队必须及时、快速地完成换防任务。模拟当时的情境，要求受训者在规定时间内完成战壕的换防任务。

（四）布置任务

相同人数的两组队员成纵队相向而立，要求在规定的时间内，两组队员顺利完成位置互换。

（五）操作方法

①队员按班分成两纵队并相对而站，每格只能站一个人，两班中间留一个空位。
②队员只能向前不能后退，只要有人后退就要重来。
③前进时只可前进一格或跳过一格。
④如果发现不能前进，所有人都要退回原位重新开始。
⑤各班指挥员只能指挥本班成员，队员只能在班内进行交流，两班之间只能由班长进行沟通。
⑥最终要完成所有成员的互换，并且大家保持原来方向（图10-9）。

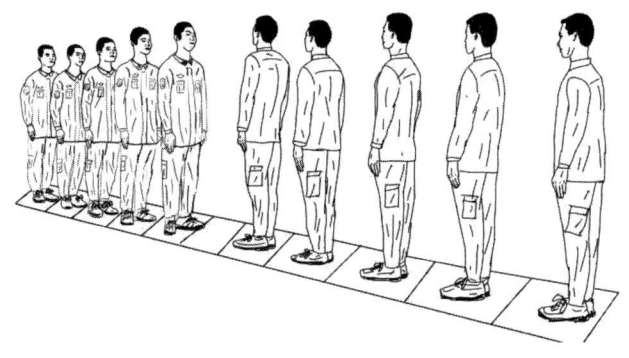

图 10-9 战壕换防

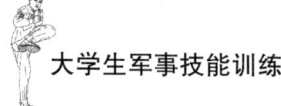

（六）基本要求

注意观察和记录队员在操作过程中的典型行为并及时纠正，如：
①两个班的队员都急着往前走，没有想到对方队员的前进。
②胡乱指挥，没有形成固定的领导者。
③指挥者过于武断，不听取别人建议。
④当几次尝试都不成功后，相互指责，或变得过于谨慎，不敢再走。

（七）点评要点

①沟通的重要性。
②竞争与合作。
③如何建立双赢的格局。

十、破译密码

破译密码是指在环境条件不明的情况下，如何通过沟通克服困难，保证任务完成的活动，目的是使受训者在训练过程中提高队员之间沟通、交流的能力，使队员体验有效的沟通的作用，学会以良好的心态去适应新的环境。

（一）分组

以班为单位进行训练。

（二）器材准备

数字卡一套及相对应人数的眼罩。

（三）情境介绍

我方反恐小组接到上级命令，深夜前往敌特份子的住所进行监察及抓捕、控制的任务。为了在搜查过程中，不去惊动敌特份子，我方反恐队员们必须在有限的时间内准确的进行"交流"，交换队员们观察、掌握到得最真实的情况。本训练模拟当时的情境，要求训练者在40分钟内，不借助语言以及眼睛来进行有效的沟通、交流。

（四）布置任务

队员依据数字卡上的相对应的数字，由小到大或者由大到小的顺序排列出来。

（五）操作方法

①班长发给每人一张数字卡，确认数字后收好，这个数字只有本人知道。然后戴上眼罩，停止说话。

②在组织者统一的口令下，按顺时针方向旋转，听到"停"的口令后，开始排序。

③队员依据数字卡上的相对应的数字，由小到大或者由大到小的顺序排列出来。

④自己认为完成排序后举起右手，示意任务完成（图10-10）。

图10-10　破译密码

（六）基本要求

①任务开始后，队员们不能用语言进行交流，如果有队员通过语言来进行交流的，任务就重新开始。

②在任务的全过程中，队员们不能将眼罩摘除，否则视为无效，需要重新开始。

（七）点评要点

①评价队员的表达能力。

②评价队员的沟通方式。

第十一章　识图用图

第一节　地形图基本知识

地图是地球表面的缩写。它是按照一定的数学法则，用特定的图式符号、颜色和文字注记，将地球表面的自然和社会现象，经过一定的制图技巧综合测绘于平面上的图。地图按其内容分为普通地图和专题地图两大类。本节主要介绍地形图和城区图。

一、地形图

地形图是比例尺大于 1∶100 万，采用正射投影的普通地图。地物用图式符号加注记表示，地貌用等高线表示，能反映地表面的高低起伏状态和高程。

（一）地形图的方位

地形图的方位是上北、下南、左西、右东。

（二）地形图的颜色

地形图的颜色有四种，即黑、绿、棕和蓝色。黑色显示人工物体：居民地、独立地物、道路及其名称与数量注记等。绿色显示植被要素：森林、果园等。棕色显示地貌要素：等高线及其高程注记、地貌符号及其比高注记等。蓝色显示水系要素：河岸线、单线河及其注记和雪山地貌等。

（三）图廓外的标示

地形图的四周有许多标示（图 11-1），它们各有各的名称和用途，主要有以下几种。

"图名及图幅编号",位于图幅上方中央;"新华县"就是图名;"8-48-85-甲",是图幅编号,它表示这幅图的位置,是地图的"门牌号码";图号下面的小字,"××省××市(市区××县)××县",是本幅地形图包括的范围。

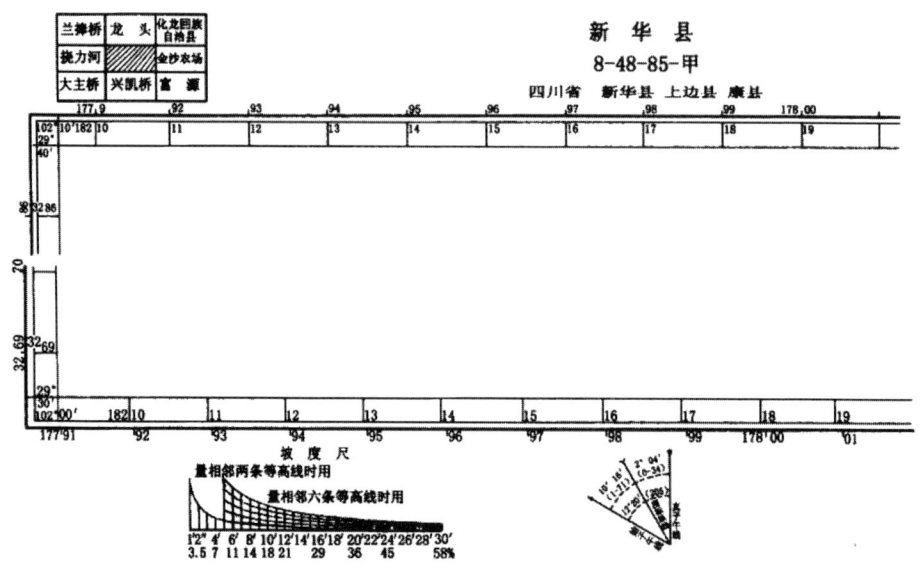

图 11-1 地形图标示

在图廓外左上方有个井字格,叫小接图。它标明了周围邻图的图名,中间有晕线的是本幅图。人们可以根据此表拼接地图。

图的下方中央是比例尺,它是地图大小、内容详略、精度高低的标准,也是量算的基本依据。

右图廓的外侧是图例,是本幅地图中常用的地形符号。

(四)比例尺

地图比例尺就是图上某线段长与相应实地水平距离之比,如图上甲乙两点间距离是 1 厘米,该两点间在相应实地的水平距离为 50 000 厘米(500 米),那么这幅地图的比例尺就是 1/50 000。

地图比例尺有三种常见的表示形式。数字式比例尺,如 1/50 000 或 1 : 50 000;文字式比例尺,如"五万分之一"或"图上 1 厘米相当于实地 500 米";用线段长度表示图上长度,并在不同线段长度上注出相应实地水平距离的关系直线,叫作直线比例尺(图 11-2)。

1:5万

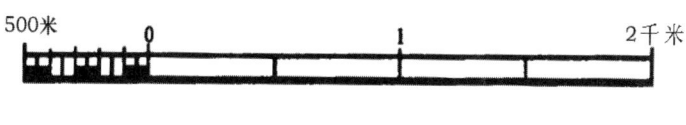

图 11-2 直线比例尺

人们依据比例尺可以量算图上的距离。这里主要介绍依直线比例尺量算的方法。

直线比例尺上注记的数字表示相应实地的水平距离。从"0"向右为尺身，注记的是千米数，用来量取整千米数的距离；从"0"向左为尺头，用来量取不足整公里数的距离。

其方法可归纳为量、比、读。

①量：用两脚规（或纸条、线绳等）准确量取两点间的长度（图 11-3）。

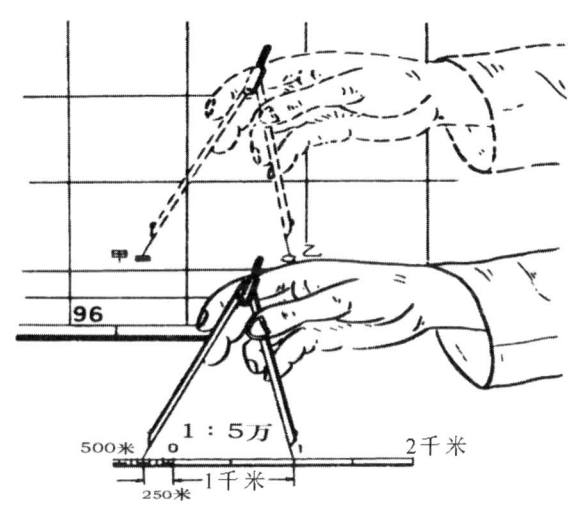

图 11-3 用两脚规量读距离

②比：保持量取的长度，到直线比例尺上去比量；将两脚规的一端落在尺身大分划上，另一端落在尺头小分划上（如不够一个小分划时，应估计米数）。

③读：根据大小分划数，准确读出千米加米数。

如两点间的图上长大于直线比例尺的长度时，可先在坐标线上比量，将不足方格边长的剩余部分再到直线比例尺上去比量，两数相加即为两点间的实地水平距离。

（五）地物符号

地物是指分布在地面上人工或自然形成的固定性物体，如居民地、道路、江河、森林等。地物符号就是将地物用统一规定的图形、颜色，并结合注记而绘制在地形图上的符号（图 11-4）。根据地物符号，人们可以在图上了解地物的种类、分布、性质、形状和大小等。

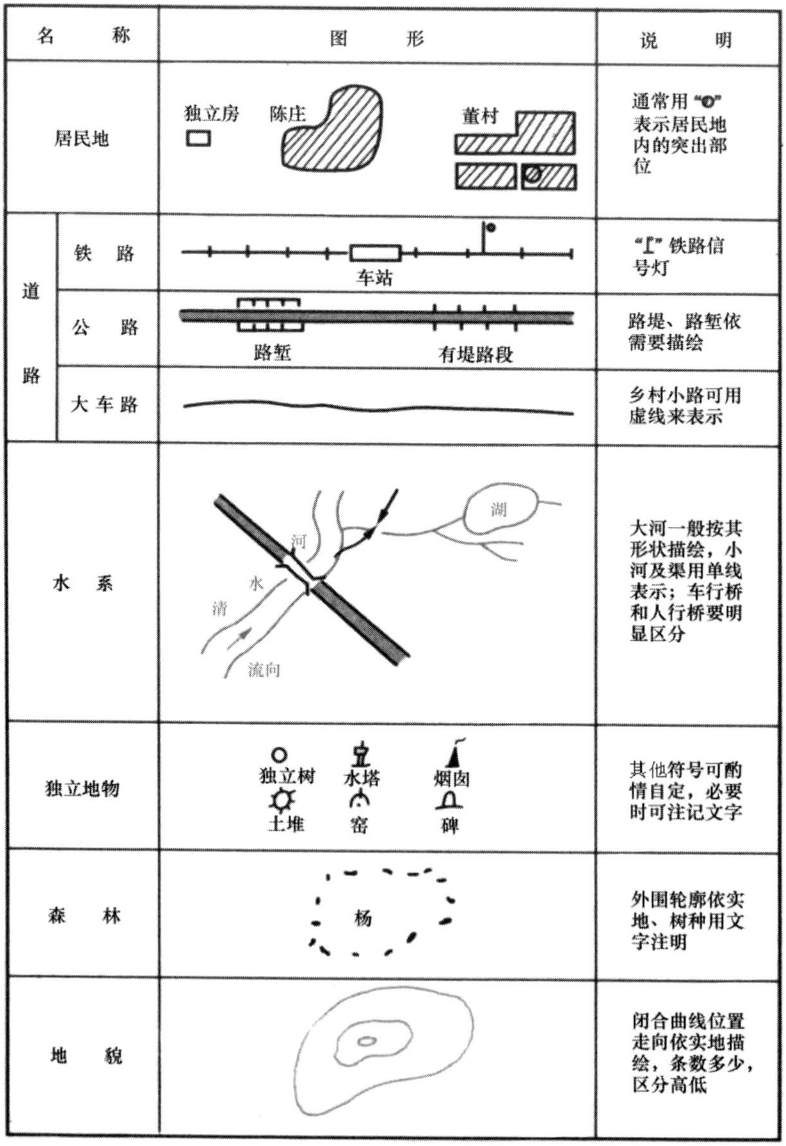

名 称	图 形	说 明
居民地	独立房 陈庄 董村	通常用"⊙"表示居民地内的突出部位
道路 铁路	车站	"エ"铁路信号灯
道路 公路	路堑　　有堤路段	路堤、路堑依需要描绘
道路 大车路		乡村小路可用虚线来表示
水 系	河　湖　清水　流向	大河一般按其形状描绘，小河及渠用单线表示；车行桥和人行桥要明显区分
独立地物	独立树 水塔 烟囱 土堆 窑 碑	其他符号可酌情自定，必要时可注记文字
森 林	杨	外围轮廓依实地、树种用文字注明
地 貌		闭合曲线位置走向依实地描绘，条数多少，区分高低

图 11-4 地物符号

地面上的物体种类繁多，千姿百态，地图对此进行了综合取舍，只把有军事意义的重要地物进行标示。地物符号的分类和识别方法如下。

1. 按符号的图形分类

①与地物的平面轮廓相似的称为轮廓符号或正形符号，如居民地、河流、公路、桥梁等。

②与地物的侧面形状相近的称为侧形符号，如突出树、烟囱、水塔等。

③也有的图形与地物的意义相关，按照会形、会意法构图，具有形象和富有联想的特点，如变电所、矿井、气象站等（图11-5）。

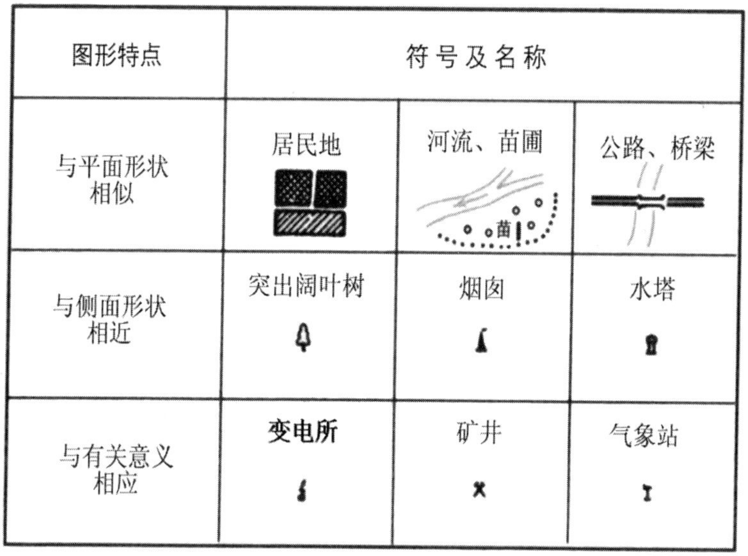

图形特点	符号及名称		
与平面形状相似	居民地	河流、苗圃	公路、桥梁
与侧面形状相近	突出阔叶树	烟囱	水塔
与有关意义相应	变电所	矿井	气象站

图 11-5　符号的图形特点

2. 按符号与实际地物的比例关系分类

①依比例尺符号（又叫轮廓符号）。例如，居民地、江河、湖泊等，实地面积较大，其外部轮廓是按比例尺缩绘的。

②半依比例尺符号（又叫线状符号）。例如，道路、垣栅、土堤、通信线等，是实地的窄长线状地物，其转折点、交叉点位置是按实地精确测定的，其长度是依比例尺缩绘的，而宽度不是依比例尺缩绘的（图11-6）。

③不依比例尺符号（又叫点状符号）。例如，突出树、亭和塔等对军队实地行动有价值的某些独立物体，其面积小，在图上不能按比例尺缩绘，只能按规定的符号表示。

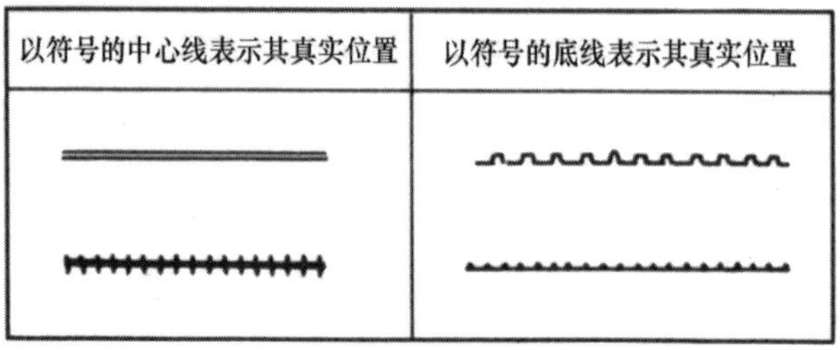

图 11-6　半依比例尺表示的符号

3. 注记

地物符号的图形只能表示地物的形状、位置、大小和种类，但不能表示其质量、数量和名称。因此，还需用文字和数字予以注记，作为符号的补充和说明，如居民地、江河和山的名称、森林的种类、公路的质量等，均用文字注记；高程、比高、河宽、水深、桥梁的长、宽和载重等，则用数字注记。

（六）坐标

确定平面上或空间中某点位置的有次序的一组数值叫该点的坐标，如去看电影时，入场券上就有排、号，人们按照排号就能找到座位。与此类似，在军事上，部队利用坐标能迅速、准确地确定点位和指示目标。

地形图的坐标系统分为两种，即地理坐标系和平面直角坐标系。这里只介绍平面直角坐标应用的简单问题。

1. 图上平面直角坐标网的构成及注记

打开一张大比例尺地图，上面有许多横线和纵线组成的方格网，这就是平面直角坐标网。横线叫坐标横线，在坐标横线东西两端的上面注记的数值是纵坐标值，用 X 表示，由南向北逐渐增大；纵线叫坐标纵线，在坐标纵线南北两端两侧注记的数值是横坐标值，用 Y 表示，由西向东逐渐增大。

2. 平面直角坐标的读写方法

平面直角坐标的读写均应先纵坐标值 X，后横坐标值 Y，如纵坐标为 14、横坐标为 96，则应写为（X14，Y96）或（14，96），读作：纵坐标 14，横坐标 96 或 X14，Y96。

3. 平面直角坐标的应用

平面直角坐标主要是用于指示目标和确定目标在图上的位置，其方法有多种。

①方里格法。先查取目标所在方格下方一条坐标横线的纵坐标值,再查取左边一条坐标纵线的横坐标值。通常指示比较大的或在图上比较明显的目标。如116.6高地的方里格坐标为:67,46;应书写为:116.6高地(67,46)(图11-7)。

②井字格法。将方里格按井字等分成9个小格,并从左上格开始按顺时针方向编号。指示目标时,在方里格坐标后加注小格的编号即可。该方法通常用于指示目标的具体位置,或在1个方格内有2个以上相同目标时使用(图11-7)。

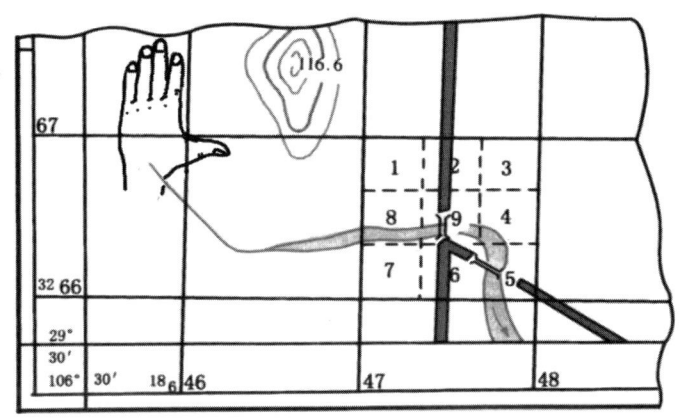

图 11-7　用方里格法概略坐标指示目标

③精确坐标法。当方里格内目标稠密,采用上述两种方法仍不能明确指示和确定时,可采用精确坐标。该方法是,将目标点的概略坐标,再加上该点到下边和左边方格线垂直距离的米数,不足3位数时补"0"即可。

用直尺量读精确坐标,其步骤如下:

第一步,先查出目标点的方里格坐标。

第二步,将直尺边与纵坐标线平行,且通过目标点的定位点;读出目标点至坐标横线的图上长,并按地图比例尺换算成米数,加至纵坐标千米数后面,得到纵坐标值。

第三步,将直尺边与横坐标线平行,且通过目标的定位点。读出目标点至坐标纵线的图上长,并换算成米数,加至横坐标千米数后面,即得到横坐标值。

利用精确坐标确定目标时,作业步骤与此相反。

报告格式分为书面格式和口头格式两种。

① 书面格式：写明地名（坐标）、目标，如 116.6 高地（X67 450，Y46 630），敌机枪发射点。

② 口头格式：讲明坐标、地名、目标，如（X67 450，Y46 630），116.6 高地，发现敌机枪发射点。

（七）地貌

地貌是指地表面高低起伏的自然状态，如平原、丘陵地、山地等。在地形图上，地貌是由等高线来表示的。

1. 等高线

等高线是指地面上高程相等的各点连接而成的曲线。把一个山地模型，从底到顶按相同的高度一层一层的水平切开，这样在模型的表面上就出现了许多大小不同的截口线，再把这些截口线垂直投影到一个平面上，便出现一圈套一圈的曲线，由于同一条曲线上各点的高度相等，所以叫等高线。地形图就是根据这个原理，用等高线来显示地貌的（图 11-8）。

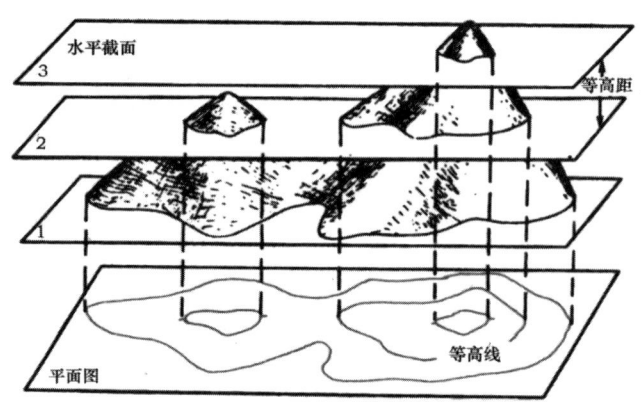

图 11-8 等高线显示地貌的原理

等高线显示地貌的特点：在同一条等高线上各点的高度相等，并各自闭合；在同一幅地形图上，等高线多，山就高；等高线少，山就低，凹地则与此相反；在同一幅地形图上，等高线间隔密，坡就陡；等高线间隔稀，坡度就缓；图上等高线的弯曲形状与相应实地地貌形状相似。

在地形图上，等高线密密麻麻，有细的、有粗的、有实的、有虚的，这都是为了更好地表示地形和使用方便而规定的。等高线主要有四种：首曲线，又叫基本等高线，在图上用细实线表示；计曲线，是为便于查找和计算高程，也叫加粗等高线；间曲线，用长虚线表示，显示两条首曲线中间的细部特征；助曲线，就是在间曲线和相邻首曲线之间加绘的等高线，用以补充间曲线的不足，是用细短虚线来表示的（图 11-9）。

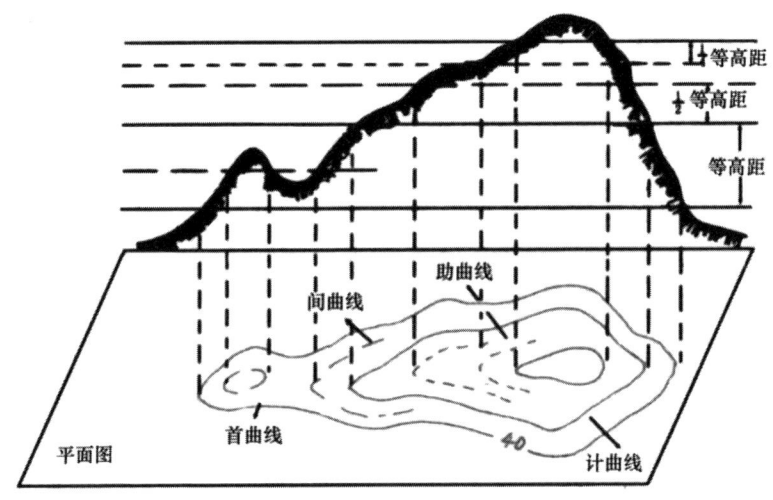

图 11-9　等高线的种类

2. 等高距

相邻两条首曲线间的实地垂直距离叫等高距。等高距应根据地区的地貌特征、地图比例尺和地图的用途等情况来规定。我国基本比例尺地形图等高距的规定，见表 2-1。但特殊地区的等高距可扩大一倍。

表 2-1　等高距规定表

比例尺	1∶2.5万	1∶5万	1∶10万	1∶20万
等高距	5米	10米	20米	40米

3. 高程与高差的判定

①高程的起算和注记。自地面上任意点到平均海水面的实地垂直距离称为高程。地图上的高程注记有 3 种，即控制点高程、等高线高程和比高。控制点（包括三角点、埋石点、水准点等）的高程注记，用黑色，字头朝向北图廓；等高线的高程注记，用棕色，字头朝向上坡方向；比高注记与其所属要素的颜色一致，字头朝向北图廓（图 11-10）。

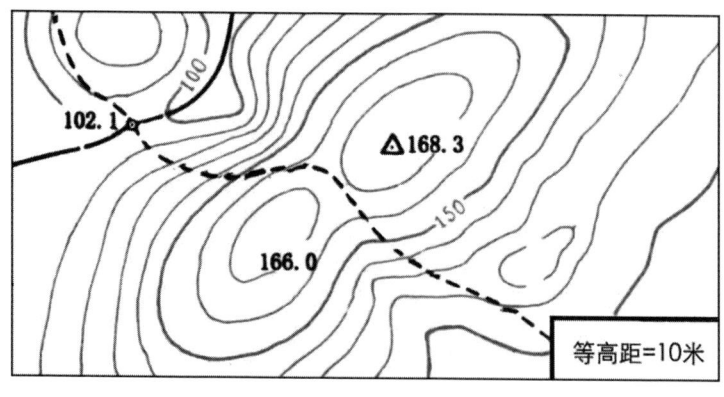

图 11-10 高程注记

②高程的判定方法如下。

判定时,先从南图廓下方查明本地图的等高距,再根据图上高程注记和等高距采取"找引判"的方法进行判定。

找:找出判定点附近等高线(或点)的高程注记。

引:根据找出的高程注记,引到判定点上(下)一条等高线。

判:判明上、下坡方向,用估读方法判定点的高程。

当点在等高线上时,判明该等高线的高程,就是该点的高程(图11-11)。要判读独立房的高程时,先找到附近有300米注记的计曲线,引到独立房处,判出独立房所在等高线比注记有300米的计曲线低三个等高距,因此独立房的高程为270米。

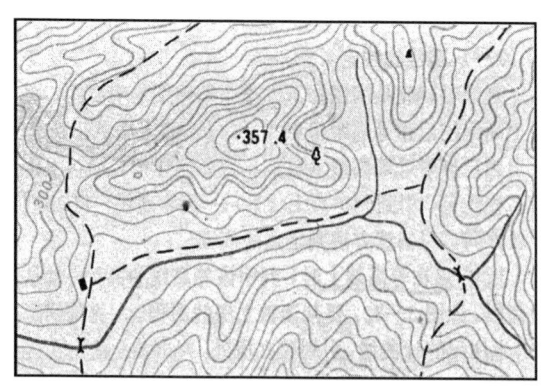

图 11-11 高程的判定

当点不在等高线上时(图11-11),先找该点附近357.4高程注记点,再根据高程注记点,突出树的上一条等高线的高程为320米,然后估读出突出树在

310 米与 320 米两条等高线间隔的十分之四，则突出树的高程为 314 米。

当点在山顶或鞍部时，先判定该点下方一条等高线的高程，再加半个等高距的米数，如下方一条等高线为间曲线，则应加四分之一等高距的米数。图 11-11 中，山顶的独立石，其山顶等高线为 320 米，则独立石的高程为 325 米。独立石左侧鞍部的高程约为 285 米。

③高差的判定如下。

判定两点间的高差时，首先要判明两点的高程，然后大数减小数，即得高差。

4. 山的各部形态

地貌的外表千差万别，多种多样，概括起来有 7 种形态，用等高线显示到地图上各不相同。

①山顶，即山的最高部分。山顶依其形状可分为尖顶、圆顶和平顶 3 种。图上表示山顶的等高线是一个小环圈，圈外有时绘有与等高线垂直的短线，叫示坡线，指示下坡方向。

②凹地，即比周围地面低下的部分，有时也称洼地。图上表示凹地的等高线是用一个或数个小环圈并在环圈内绘有示坡线（图 11-12）。

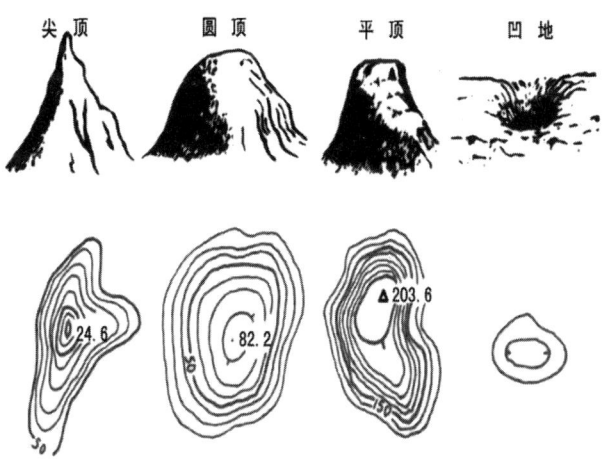

图 2-12　山顶和凹地

③山背，即从山顶到山脚的凸起部分。图上表示山背的等高线以山顶为准向外凸出，山背各等高线凸起部分顶点的连线就是分水线。

④山谷，即相邻山背、山脊之间的低凹部分。图上表示山谷的等高线，以山顶或鞍部为准，等高线向里凹入（或向高处凸出），各等高线凹入部分顶点的连线叫合水线（图 11-13）。

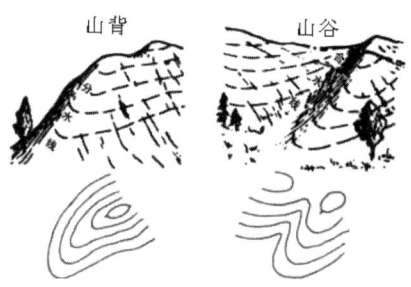

图 11-13 山背和山谷

⑤鞍部,即相连两山顶间的凹下部分,其形如马鞍状,故称鞍部。图上是用一对表示山背的等高线和一对表示山谷的等高线显示的(图 11-14)。

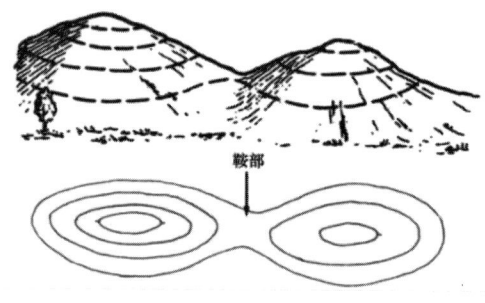

图 11-14 鞍部

⑥山脊,即由数个山顶、山背、鞍部相连所形成的凹棱部分。山脊的最高棱线叫山脊线(图 11-15)。

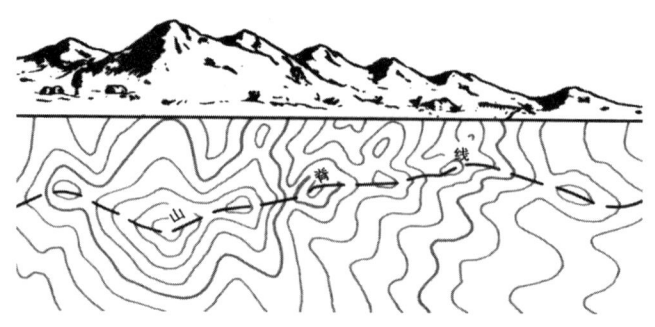

图 11-15 山脊

⑦山脚,即山体与平地的交线。它是一条明显的倾斜变换线。

除此之外,受训者还应了解斜面与防界线的军事意义。由山顶到山脚的坡面叫斜面。斜面按其断面形状分为等齐斜面、凸形斜面、凹形斜面、波形斜面。

①等齐斜面是指坡度一致，等高线间隔大致相同，全部斜面均可通视，便于观察和发扬火力的斜面。

②凸形斜面是上面缓，下面陡，等高线上疏下密，斜面部分地段不能通视，形成观察和射击死角。

③凹形斜面是上面陡，下面缓，等高线上密下疏，全部斜面均可通视，便于观察和发扬火力。

④波形斜面是坡度陡缓交叉变换，等高线疏密不等，斜面的若干地段不能通视，观察和射击死角较多的斜面。

斜面上坡度变换的界线叫防界线，是挖掘堑壕、控制坡面的有利地线。

二、城区图

城区专题地图的种类很多，这里只介绍部队经常使用的几种地图。

(一) 城区行政图

城区行政图显示的主要内容是行政区划、各级政府机关和主要街区等。

行政区划在图中通常以明确的界线划分，加注名称注记，并由不同的着色加以区分；各级市政机关在图中以符号、名称标明位置；街区则要通过对街道两边建筑物性质的识别来判断该街区的功能，这是城区图识读的一个重要内容，街区按其功能通常可以分为商业区、居民区、使馆区、游览区、公务区、大学区、应急疏散区、交通集散区等，人们通过识别可以判定不同时间段的人流量、车流量以及人员成分、趋向等信息，进而判定突发性事件的性质、类型及规模等，对部队的战备、反恐、处突等具有重要意义。

①商业区。街道两边主要分布商业网点、酒店宾馆等设施的街区，称为商业区。此类街区通常处于城区的繁华地带。

②居民区。以市民居住、生活为主要功能的街区称为居民区。此类街区以居民外出和进入活动为主，人流量、车流量适中。

③游览区。以旅游景点分布为主的街区称为游览区。此类街区通常人流量较大，车流量较小，特别是在节假日期间，人流量及人群密集度均比较大。

④公务区。主要分布行政及企事业单位的街区称为公务区。此类街区进出的大多是办理相关事务的人员，人流量较小，车流量较大。

⑤交通集散区。环绕大中型车站的街区称为交通集散区。此类街区由于人员进出站活动比较频繁，成为城区中人群聚集最为密集、人流量比较大的地区，

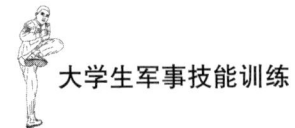

特别是在节假日期间,人流量和人群密集度均会骤增。

对城区行政图的判读必须结合部队的任务,有重点地围绕一些重要目标展开,如政府驻地、驻华使馆、电视台、电台、广场、车站、地铁站等。对这些目标,不仅要分析图面上提供的信息,还要结合相关资料辅助判读,识别的重点是目标与周边各突出地物之间的位置关系、目标区域内的人员容量、道路的分布和流量、目标的面积和目标的内部结构等。

(二)城区交通图

识别城区交通图的主要目的是为部队未来遂行城区作战任务提供交通保障,并为应对交通线路上可能发生的突发事件提供地形依据。

城区交通主要由公路交通、铁路交通、水路运输和航空线路组成,结合我国城区的特点以及未来作战的需求,部队应以公路、铁路交通为研究的重点。

1. 公路交通

修筑有路基、铺面和附属建筑物的通路叫公路。我国公路交通网由国道、省道、县乡道组成。

在交通图中,一般会注明国道的编号,以便于识别。国道编号采用三位数,首位数为布局分类号,如首位数是"1"的,表示以北京为起点,由正北方向开始,按顺时针方向编号,从101到112,其中112为北京外环线;首位数是"2"的,为南北向的纵向公路,依从东往西排列,由201到228,其中228在台湾省;首位数是"3"的,为东西向横线公路,依从北往南的顺序排列,由301到330。

城区交通图的公路可分为主要街道、一般街道和巷道三种类型。

①主要街道:在城区图中用较宽的双线道路显示,它是城市中人流、车流的主要通行线路,路宽一般在20米左右。在大中城市,此类街道通常还有高架路相随。

②一般街道:在城区图中用中等宽度的双线道路显示,它是沟通各街区联系的主要线路,路宽一般在10米左右。

③巷道:在城区图中用较细的双线道路显示,它是各街区内的沟通线路,主要用于人流通行,路宽一般在5米左右。

道路附属建筑物用特定的符号注明,主要包括公路桥、立交桥、隧道、涵洞、路堤、路堑、路标与里程碑等。

2. 铁路交通

铁路交通，尤其是火车站和地铁站，人员流量大，是我们必须重点监护和防范的要害目标。铁路交通在城区中的研究重点是城市轻轨和地铁（图11-16）。

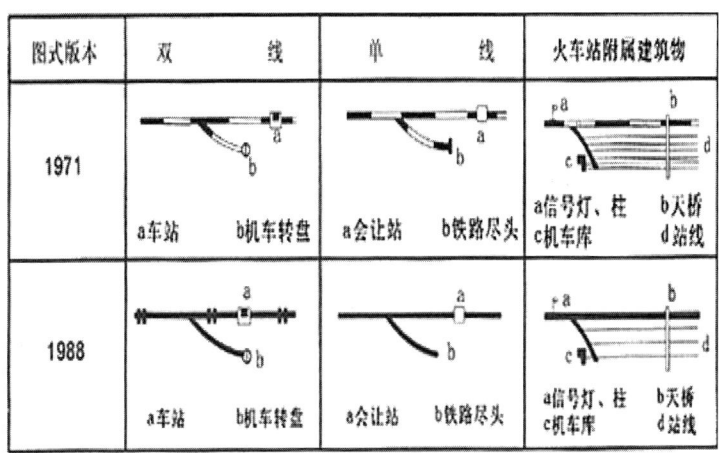

图 11-16　铁路及附属建筑物的表示

城市轻轨、地铁运输的特点是，运输容量大、机动速度快、受气候天候影响小、运行稳定性强、畅通条件好等。随着里程、线路的不断延伸，其必将逐渐成为未来作战的主要机动方式之一。

当前，城市地铁站已成为国际反恐作战中最不容忽视的主战场之一，为应对未来地铁站内可能发生的恐怖事件，部队必须借助城区地铁线路图、建筑工程图等对地铁站的内外环境、内部构造、内部设施、疏导通道、通风防火等情况有充分的了解。

3. 水路运输

其通常用蓝色线条标示，线上均标有航线名和里程，如"大连至青岛274"表示水运线路是由大连至青岛，营运里程为274海里。人们要注意的是，所标示的线路仅起示意作用，并非实际航线。

4. 航空线路

国内航线通常用红色线条标示，国际航线通常用紫色线条标示，至香港、澳门特别行政区的航线通常用绿色线条标示。航空线路所标示的线路也仅起示意作用，营运里程在图上不进行标示，由航空公司提供。

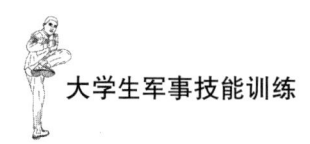

第二节 判定方位

判定方位就是在现地辨明东、西、南、北方向,它是现地用图和遂行作战任务的前提。部队机动性强,活动范围大,经常会遇到各种生疏复杂的天候和地形条件,在战斗行动中,只有随时随地判明敌我方向,搞清楚敌我关系位置,才能保证战斗任务的完成,否则就会贻误战机,甚至造成不可估量的损失。因此,每一名军人都要学会在各种条件下判定方位的本领。

判定方位的方法有很多,这里主要介绍最常用的六种方法。

一、利用指北针判定

指北针是部队常用的一种装备器材,是现地判定方位的基本工具。其使用方法很简单,就是将指北针打开放平,待磁针静止后,磁针涂有夜光剂一端(或者注有北字)所指的方向,就是现地的磁北方向。

使用前,应检查磁针是否灵敏。其检查方法是,用一钢铁物体多次靠近磁针一端,若每次移开钢铁物体后,磁针都能回到原处,则说明磁针灵敏,可以使用;否则,磁针偏差大,不能使用。注意在使用指北针时,要避开高压线和带磁性的物体,以免影响指北针判定方位的准确性。

二、利用 GPS 定位仪判定

在开阔地上打开 GPS 卫星定位导航仪,用翻页键切换到导航页面,将导航仪水平持握,并沿某一方向直线移动(即连续更新定位值,能使横坐标值不变,而纵坐标值增加的方向即为坐标北),电子罗盘转动到某一位置后静止,此时罗盘环圈"北"所指的方向即为北方。

三、利用北极星判定

寻找北极星是夜间判定方位简便易行的方法。北极星是正北方天空中北极附近一颗比较亮的恒星,所以只要找到了北极星,就找到了北方。我国位于北半球,只要天气晴朗,常年夜间都可以看到北极星。直接寻找北极星较为困难,可根据大熊星座和仙后星座的关系位置来寻找。

大熊星座(即北斗七星)由七颗明亮的星组成,形状像一把勺子,故俗称勺子星。将勺端 C、B 两星的连线沿 C 星向 B 星方向延长，约在两星间隔的五倍处，有一颗较亮的星，就是北极星。

仙后星座（即女帝星座）由五颗明亮的星组成，形状像一个"3"，故也称 3 字星或"W"星座，从中央的 D 星向缺口方向延伸约 E 星至 F 星宽度的两倍处，有一颗较亮的星，就是北极星（图 11-17）。

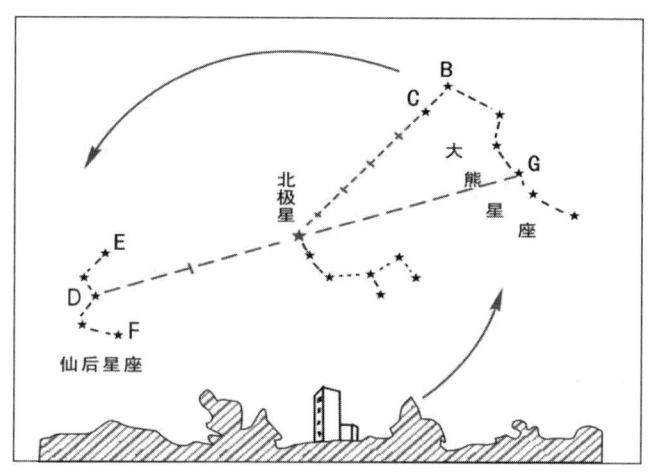

图 11-17　利用北极星和仙后星座判定方位

四、利用自然特征判定

有些地物、地貌由于受阳光、气候等自然条件的影响，形成了与方位有关的某种特征，利用这些特征可以概略地判定方位。

独立大树，通常是南面枝叶茂密，树皮较光滑；北面枝叶较稀少，树皮粗糙。砍伐后，树桩上的年轮，北面间隔小，南面间隔大。

突出地面的物体，如土堆、土堤、田埂、独立岩石和建筑物等，南面干燥，青草茂密，冬季积雪融化较快；北面潮湿，易生青苔，积雪融化较慢。凹入地面的物体，如土坑、沟渠和林中空地则情况相反。

我国大部地区，尤其是北方，庙宇、宝塔的正门多朝南开；农村住房的门窗一般也多朝向南方。

以上地物特征只能概略判定方位，有时还可能出现反常现象。因此，在判定时应注意地区、季节的不同，采用多种方法，综合判定，以免误判。

五、利用已知点判定

通过已知高地的走向及高低走势，河流的流向及走向，村庄（街道）的方向与自己的站立点的关系位置，也能概略地判定方位。例如，已知一条河流为东西走向，在河岸的某一点，就可判定方位。

六、利用太阳和时表判定

太阳东升西落是大自然永远不变的规律，据此就可以概略地判定方位。一般来说，在当地6时左右，太阳位于东方，12时位于南方，18时位于西方。另外，还可把太阳和时表结合起来判定方位。其判别方法是：时数折半对太阳，12所指是北方，即将手表放平，以表盘中心和时针所指时数（每天以24小时计算）折半位置延长线对向太阳，此时由表盘中心通过"12"的方向就是北方，如当地时间下午2时（即14时）40分，折半是7时20分，应以表盘中心与"7"字后两小格处的延长线对向太阳，则"12"字的方向即为北方。为便于操作，可将时数折半位置竖一细草棍，转动时表，使其阴影通过表盘中心（图11-18）。

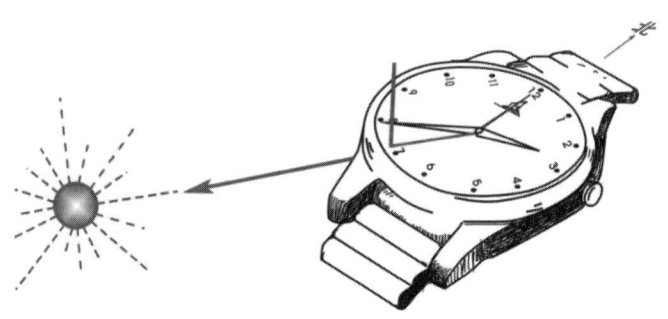

图11-18 用太阳和时表判定方位

第三节 量算距离

从地图上量算距离通常有用直尺量读、在直线比例尺上量读、用里程表量读三种方法。

一、用直尺量读

用直尺量读距离时，先用直尺从图上量取所求两点间的长度（厘米），然后乘以该图比例尺分母，即得相应的实地水平距离（米或公里）。其换算公式如下。

$$实地距离 = 图上长 \times 比例尺分母$$

为计算方便，可先将比例尺分母消去两个零。如在1∶5万地形图上量得某两点间长为3.4厘米，则实地水平距离为$3.4 \times 500 = 1700$米。

若已知实地距离，同样可以算出图上长，其公式如下。

$$图上长 = 实地距离 \div 比例尺分母$$

如已知两点间实地水平距离为1700米，在1∶5万地图上的长度则为$1700 \div 500 = 3.4$厘米。

二、在直线比例尺上量读

直线比例尺上，从"0"向右大间隔注记公里数的部分叫尺身，用以量取整公里距离；从"0"向左以小间隔注记米数的部分叫尺头，用以量取不足整公里的距离。量取图11-19中甲、乙两点间的实地水平距离的量读方法如下。

先用两脚规量出甲、乙两点间的长度，保持其张度不变，再移到直线比例尺上比量，使一脚落在尺身的整公里数上，使另一脚落于尺头，即可直接读出两点间实地水平距离。图11-19中甲、乙两点间距离为1250米。

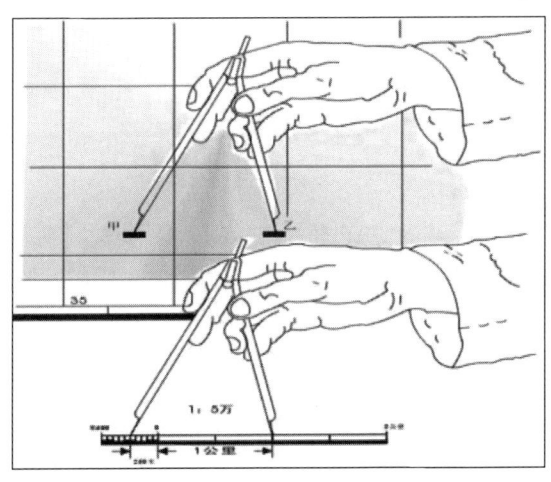

图11-19　用两角规量读距离

若两点间图上长大于直线比例尺长度时,可先在坐标线上比量(1∶2.5万和1∶5万地形图的方格边长为实地水平距离1公里,1∶10万地形图为实地水平距离2公里),然后将不足方格边长的剩余部分移到直线比例尺上比量。

三、用里程表量读

在地形图上量取弯曲路段或曲线距离时,使用指北针上的里程表比较方便。里程表由表盘、指针及滚轮三部分组成,表盘的外分划圈上有1∶100 000、1∶50 000、1∶25 000等比例尺注记和公里数注记,每个数字均表示相应实地水平距离的公里数(图11-20)。

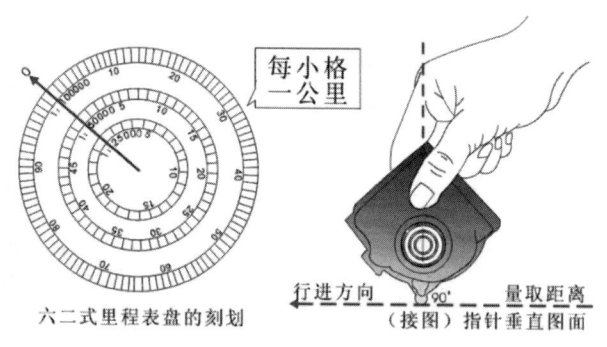

图11-20 用里程表量读距离

量读时,先使指针归0(即指针对准盘内0处),然后手持里程表,将滚轮放在所量线路的起点上(使指针按顺时针方向转动),沿所量线段滚至终点。指针在相应比例尺分划圈上所指的公里数即为所求实地水平距离数。

第四节 确定站立点和目标点

现地用图需随时确定站立点在图上的位置,以便人们利用地图了解周围地形。将新增加的地形目标或战术目标,准确地测定、标绘在地形图的相应位置上叫确定目标点。

一、确定目标点在图上的位置

确定目标点的方法如下:

（一）目估法

当目标点在明显地形点上时，从图上找出该明显地形点，即目标点在图上的位置。

当目标点在明显地形点附近时，应先标定地图，在图上找出该明显地形点，然后再根据目标与明显地形点的方位、距离和高差等，将目标点目估定于图上。如图11-21所示，目标（凉亭）位于145.0高地与张家庄北无名高地间的鞍部，且在分水线近处缓坡上、小路的前方，根据目标点离分水线和小路距离，及目标附近地面的倾斜情况，即可目估确定目标点在图上的位置。

图 11-21　目估法

（二）光线法

当目标较多，其附近没有明显地形点时，多采用光线法确定目标点的图上位置（图11-22）。

图 11-22　光线法

其方法如下。

①精确标定地图。

②确定站立点在图上的位置。

③向目标描画方向线。描画时,先将指北针直尺(三棱尺)边切于图上的站立点(可插细针),再向现地各目标瞄准,并向前画方向线。

④目测站立点至目标点距离,并根据距离按地图比例尺在各方向线上截取相应目标的图上位置。不易目测距离时,人们也可通过分析地形层次,或目标点与附近地形的关系位置,在方向线上目估定出目标点的图上位置。

(三)极距法

利用器材直接测定方向角和距离来确定目标点在图上位置的方法,叫极距法(图11-23)。

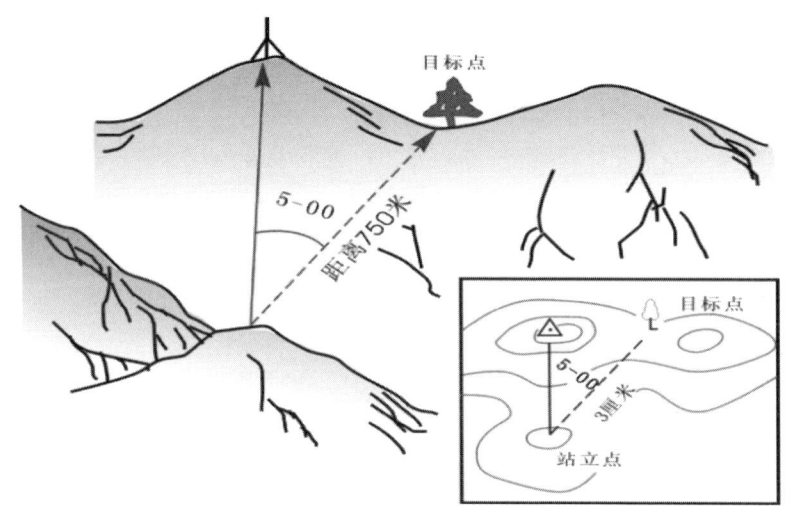

图 11-23 极距法

其方法如下。

①在目标区域选一明显地形点(三角标),并用望远镜(或方向盘)等器材测出该点至目标点的方向角为 5-00。也可不选明显地形点,而直接测出目标点的磁方位角,并换算成坐标方位角。

②在图上将站立点和三角点连一直线,并以此直线为准(或坐标纵线),按所测方向角(或坐标方位角)图解画出站立点至目标点的方向线。

③测出站立点至目标点的距离,并按地图比例尺在方向线上找出目标点位

置。也可根据目标点附近地形关系位置,在方向线上通过分析比较,目估定出目标点在图上位置。

(四)前方交会法

当目标点较远而附近又无明显地形点时,可在两个测站点上用前方交会法,确定目标点在图上的位置。如图 11-24 所示,欲交会目标(独立树)在图上的位置时,其方法如下。

①选定现地与图上都有的二至三个明显地形点,如 A、B 点作为测站点。

②在第 A 点上先标定地图,确定该点图上位置并插一细针;再以指北针直尺(三棱尺)边紧靠细针向现地独立树瞄准,并向前画方向线。

③以同样方法在 B 点上描画方向线,两方向线的交点就是目标点(独立树)的图上位置。

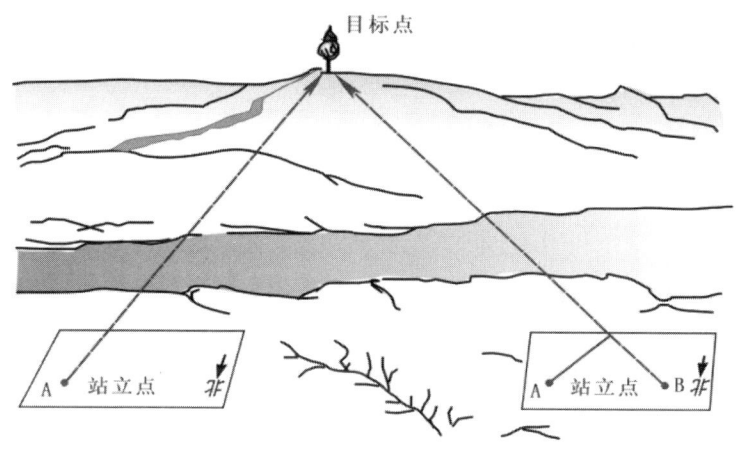

图 11-24　前方交会法

(五)截线法

当目标点位于线状物体上时,可在站立点标定地图方位,以照准器直尺边切绕图上站立点并照准目标点绘方向线,其与线状物体符号的交点,即为目标点的图上位置,如图 11-25 所示。

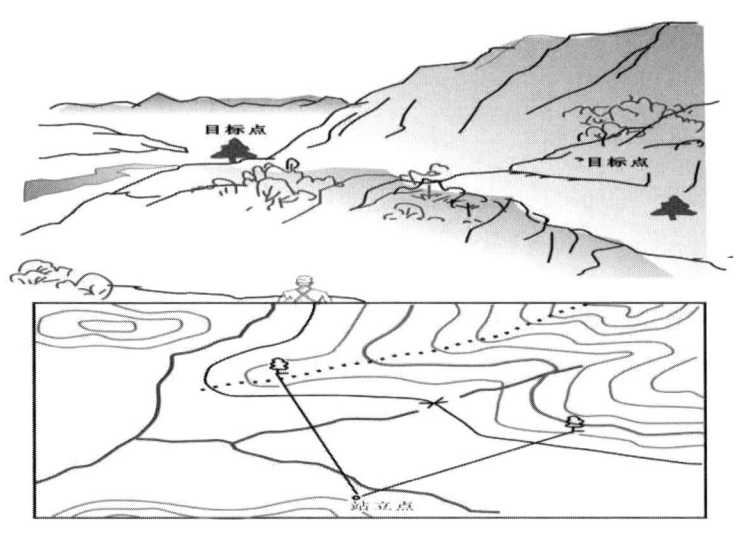

图 11-25　截线法

第五节　按图行进

按地图行进就是利用地形图选定行军路线，通过地图与现地对照，以保持沿选定的路线到达预定地点的行进方法。按方位角行进是按地图行进的一种辅助方法，它是利用指北针，按照图上量测的磁方位角保持正确行进方向的方法。

一、行进前的准备

（一）选择行进路线

选择行进路线是指根据受领的任务、敌情和装备等情况，选择行进路线。其总体要求是线路近、便于隐蔽、便于机动。

（二）标绘行进路线

标绘行进路线是指按照选定的路线绘制略图，或将选定的行进路线的起点、终点和转换点及沿途行进路线用彩色笔醒目地标绘在制式地图上，并按绘图要求加以标示。需要时，也可单独调制略图。

（三）量取里程和计算时间

量取里程和计算时间指在图上量取行进路线上的各段里程，计算行进时间，并注记在图或工作手册上。如行进路线上地貌起伏较大时，还应将图上量得的水平距离根据不同的坡度改正为实地距离，并按照预定的行进速度准确计算行进时间。

（四）记忆行进路线

准确记忆行进路线有助于完成行进任务，特别是在沿途不便于阅图对照的情况下，有很重要的意义。记忆行进路线通常沿行进方向分路段进行，记住每一路段的里程和行进时间、沿途的重要方位物或地形特征、可能造成偏离的岔路口或区域等内容。

二、行进要领

（一）徒步沿道路行进

①在出发点上，先标定地形图，对照地形判定出发点位置，明确行进的道路和方向，然后计时出发。

②在行进中，要边走边对照，随时明确站立点在图上的位置，记录已走过的里程，判明前方将要出现的方位物或将要到达的位置等，力求做到"人在路上走，心在图上移"。

③在经过岔路口、道路转弯点、居民地进出口时，应及时对照现地地形，判定站立点在图上的位置，判明下一步的行进方向。

④在遇到现地地形与地形图不一致的情况时，应采用多种方法，仔细对照，全面分析，做到发现疑问不走，疑问不解除不走，在准确判定站立点位置和行进方向后再继续行进。

⑤当发现走错路时，应立即停止前进，对照地形，回忆走过的路程，判明从什么地方错的，偏离原定路线有多远。然后再根据情况或另选迂回路线，或返回原路线继续行进。

（二）乘车行进

乘车行进，速度快，颠簸大，方向转换多，观察地形粗略，一旦走错就偏离较远。乘车按地图行进的要领与徒步沿道路行进基本相同，但根据其特点，有以下几点不同之处。

①选择路线时,应着眼于道路的通行情况、路面质量的变化、桥梁的载重量、渡口的摆渡能力等,方位物应多选择道路两侧大而明显的突出地形点。

②行进前,要熟记沿途的主要地物和地貌特征。地图应按行进顺序依次叠放,便于沿途对照使用,并要记下出发时间和汽车里程表上的里程数。

③行进中随时标定地图,保持地图与实地方向的一致。其方法是:图、地、道路成一线,车转图也转,转向正相反。对沿路的突出地形点应不间断地逐个提前对照,做到"人在车上坐,心在车前行",并应随时根据里程表上的数字和行进时间,对照事先在图上量算好的各段距离和时间,以便判定车辆在图上的位置。

④经过岔路口、转弯处和居民地进出口时,应提前提醒司机放慢车速,以便能仔细对照。遇有怀疑时,应停车标定地图,根据地形判定行进方向后,再继续行进,如发现走错,应尽量选择迂回路线。

(三)越野行进

在道路稀少地区(如沙漠、草原等),或因任务需要不能沿道路行进时,部队常采用越野行进。越野行进时,由于地面起伏不平,障碍多,容易偏离方向,所以多采用地图与方位角相结合的方法行进。行进时应注意下列几点:

①行进路线应选择在方位物较多的地形上,特别是转折点及其附近应有明显的方位物。山岳丛林地应尽量选择沿山脊或山背方向的路线。

②在起点和转折点上都要准确标定地图,明确行进方向和下一点的方位物,或按预先测定的磁方位角行进。

③行进中要勤对照,多分析,要随时确定站立点在图上的位置,遇有怀疑立即停止前进,查明原因,明确行进方向后再前进。

(四)城区内行进

①正确选择路线和方位物。为顺利到达终点,在城区内行进一般选在比较顺畅、转弯点少、途中有突出方位物(如广场、车站、大商场、标志性建筑物等)的主要街道上。执行特殊任务时,选择的路线还应注意隐蔽,并在路线中选择若干个明显地物作为方位物,以便及时对照。

②在出发点上要标定地图,判定出发点在图上的位置,明确行进方向和路线,记清下一转弯点、进(出)路口、方位物的距离,然后计时出发。

③行进中精力要高度集中,仔细观察道路两侧的地物,不断进行现地对照,查记经过的路口、转弯点等方位物。对所要通过的街、巷和道路的名称要熟记

在心，随时查对。

④在接近转弯点、进（出）路口时，应放慢速度，仔细对照，确定无误后再继续行进。

当发现走错路或迷失方向时，立即停止前进，判定方位和站立点后，迅速确定新的行进路线和方向，一般不要采取按原路返回的方法行进。

（五）夜间行进

夜间行进的特点是视度不良、观察不清、方向难认、远近难分、高低难辨、地图与现地对照困难、容易迷失方向。

①在出发点处，依图准确找到出发点的位置和应行进的方向，必要时用指北针确定。

②行进中要多找点、细观察、勤对照。由于夜间视度不良，一般高大明显物体易误近，矮小暗淡物体易误远，低凹地形易误高，缓坡易误陡。因此，应采用走近观察、由低处向高处观察、由暗处向明处观察等方法，并相互比较核实。

③严格按预定路线行进，切不可贪走捷径，以防迷路。凡是经过了的地方，要记下主要特征，以便走错路时能够按原路返回到发生错误的地方。

④注意掌握行进速度和时间，必要时也可根据行进速度、时间判断到达的地点。有敌情顾虑时，要注意隐蔽、肃静，防止发出声响和光亮。

⑤居民地进出口处岔路多、变化快，使得图上表示与实地有出入，所以要仔细判读，认真分析，切勿弄错方向走错路。

部队要根据受领的任务、敌情及装备等情况选择行进路线，其总体要求是线路近、便于隐蔽、便于机动。按照选定的路线绘制略图，或将行进路线的起点、终点和转折点及沿途行进路线用彩笔醒目地标绘在制式地图上，并按绘图要求加以标示。需要时，也可单独调制行进略图。

在按照规定时间出发后，在行进途中要始终保持地图和现地方位基本一致，做到"人在路上走，心在图中移"，特别是在转弯点、岔路口、居民地进出口处更应注意对照方位物，以保持正确的行进方向和路线。

在遇到现地地形变化与地图不一致时，应根据地形变化规律正确分析变化的原因、位置，准确判定自己在图上的位置，待判明行进道路和方向后继续前进。

当发现走错时应立即停止，回忆走过的路线，判明发生错误的位置及偏离原定路线的距离，根据情况决定选择迂回路线或原路线返回，到达正确路线后再继续前进。